国务院发展研究中心
公共管理与人力资源研究所课题组

# 中国危废润滑油
## 再生利用行业政策研究

★ ★ ★ ★ ★

李国强 徐陈国 张志忠 ◎ 等著

中国财政经济出版社

**图书在版编目（CIP）数据**

中国危废润滑油再生利用行业政策研究/李国强等著．—北京：中国财政经济出版社，2015.7

ISBN 978-7-5095-6312-0

Ⅰ.①中…　Ⅱ.①李…　Ⅲ.①润滑油-废物综合利用-经济政策-研究-中国　Ⅳ.①F426.22

中国版本图书馆CIP数据核字（2015）第153083号

责任编辑：周桂元　　　　责任校对：杨瑞琦
封面设计：逸品文化　　　　责任印制：张　健

中国财政经济出版社 出版

**URL**：http：//www.cfeph.cn

E-mail：cfeph@cfeph.cn



社址：北京市海淀区阜成路甲28号　邮政编码：100142

营销中心电话：88190406　北京财经书店电话：64033436　84041336

北京京华虎彩印刷有限公司印刷　各地新华书店经销

710×1000毫米　16开　12.75印张　150 000字

2015年7月第1版　2015年7月北京第1次印刷

定价：36.00元

ISBN 978-7-5095-6312-0/F·5088

（图书出现印装问题，本社负责调换）

本社质量投诉电话：010-88190744

**打击盗版举报热线：010-88190492，QQ：634579818**

# 国务院发展研究中心公共管理与人力资源研究所
## “我国危废润滑油再生利用行业政策研究”课题组

**课题组组长：**

李国强　国务院发展研究中心公共管理与人力资源研究所副所长
　　　　研究员

**课题组成员：**

李国强　国务院发展研究中心公共管理与人力资源研究所副所长
　　　　研究员

马淑萍　国务院发展研究中心企业研究所研究员

刘燕玲　国务院发展研究中心公共管理与人力资源研究所经济师

张志忠　中国社会科学院研究人员

陈晓东　中国科学院上海高等研究院服务科学研究中心主任

徐陈国　中国科学院上海高等研究院服务科学研究中心环境与资源
　　　　综合利用研究室主任、总工程师

赵　峰　上海通凌新能源科技发展有限公司总经理

刘建华　上海通凌新能源科技发展有限公司副总经理

王恩胜　《经济要参》研究咨询部副主任、律师

童　馨　中国经济导报社外联部副主任

**课题组特邀专家：**

项玉章　国家质量监督检验检疫总局总检验师

徐锭明　国务院参事室参事、国家能源局原局长

李新男　国家科学技术部政策法规司原巡视员

沈晓悦　环境保护部环境与经济政策研究中心管理政策研究部主任

# 序　言

危废润滑油再生利用，对于很多人来讲是既陌生又熟悉。废润滑油作为危险废物被列为《国家危险废物名录》第八类，即HW－08废矿物油，俗称“废机油”（在本书中“危废润滑油”“废机油”二者含义相同）。随着我国进入“资源节约利用、生态环境保护”新时代，对危废润滑油再生利用这个“小行业”需要“另眼相看”，事关资源节约、环境友好、绿色发展、循环发展、生态安全、能源安全，事关能否贯彻落实《中国制造2025》工业固体废物综合利用率指标的要求。

危废润滑油是润滑油使用过程中产生的危险废物。矿物型润滑油用量占润滑油总用量95%以上，因此润滑油常指石油润滑油。目前，我国已是世界第二大润滑油消费国。有关统计显示，2010年我国润滑油表观消费量达1081.30万吨，首次突破千万吨大关，也是历史最高纪录。

近几年来有所下降，2012 年为 1054 万吨，2013 年为 750 万吨，2014 年为 760 万吨。每年产生的危废润滑油约为润滑油消费量的 50% 或更多。随着经济社会发展，我国对润滑油的潜在消费量将大幅度增长，由此产生的危废润滑油总量也会增加。

新中国成立后，危废润滑油再生利用行业得到国家的重视。国家出台了鼓励回收和再生利用政策，尤其近几年颁布了一系列促进固体废物污染环境产业发展的法律法规，逐步建立了再生利用的管理与运行机制，行业发展取得了一定成就，为我国经济发展、节能减排、扩大就业、弥补我国石油资源短缺、降低环境污染，实现绿色发展作出了一定的贡献。

目前，我国危废润滑油再生利用虽然取得了一定的成效，但是，与资源节约、环境友好的要求相比，还有相当大的差距。主要表现在：（1）回收率低，再生利用率更低；（2）再生利用加工工艺落后；（3）合法的再生利用企业生存面临困境；（4）再生和使用比较混乱，造成环境污染、资源浪费；（5）作为危废类行业管理还比较粗放，非法回收危废润滑油问题长期未能有效解决。（6）最主要的是危废润滑油再生利用行业管理体制机制亟待健全和完善，需要引起更大重视和关注。认真分析和对待这些问题，是促使相关法律法规政策进一步完善的基础。

有关研究表明，危废润滑油中 90% 是可以重新加工再利用的，只有 10% 为不能利用的废物。危废润滑油的再生利用率一般可达50%以上，甚至更高。1000公斤原油可提炼大约300公斤基础油，而1000公斤废润滑油可再生700～900公斤基础油。据测算，2010年我国危废润滑油可回收总量为483.84万吨，其中机动车危废润滑油市场容量251.92万吨，工业领域产生的危废润滑油市场容量231.92万吨。然而，有效回收数量却是很小一部分，合法回收再生利用率只有20%或者更低，大量的危废润滑油未能合理充分有效利用。

危废润滑油不能合法有效再生利用，危害巨大。一是造成资源浪费，损害石油安全和循环发展；二是造成多次环境污染，尤其土法炼制严重造成二次污染，损害绿色发展；三是造成润滑油再生利用市场混乱，损害市场公平有序健康发展等。

本课题是国务院发展研究中心公共管理与人力资源研究所（简称“公管所”）根据调研中发现的问题而提出的研究课题。2014年12月，公管所组织有关单位组成“我国危废润滑油再生利用行业政策研究”联合课题组，开展了课题研究。

本研究的主旨在于从资源节约、环境友好的角度，深入实际调研并综合有关文献资料的一些有价值的研究意见和观点，着重研究我国危废润滑油再生利用行业管理、市场运行、市场监管、技术创新等方面现状和问题。并在借鉴国内外相关经验基础上，充分认识危废润滑油的资源属性和管理特性，以不断完善我国危废润滑油行业管理相关法律法规和政策，不断加强我国危废润滑油管理体制机制、市场运行、市场监管建设，促进危废润滑油再生利用技术进步，促使危废润滑油行业真正走上资源节约环境友好可持续发展的道路。

据此，本研究针对危废润滑油再生利用行业的综合情况，从政策制订、产业导向等多方面进行剖析，尽量客观公正地反映该行业目前所存在的实际问题，提出了一些行业改革和发展的意见和建议。希望通过政策引导，积极倡导社会节约能源、维护环境安全、合理使用能源，走可持续发展之路。

本研究也注意了解国外危废润滑油再利用的做法和经验。西方发达国家危废润滑油再生利用方面已经走过上百年的历程，尤其是20世纪80年代以来，在可持续发展战略指导下，日益将危废润滑油再生利用贯彻到环境保护和资源开发利用的实施方略中，其经验和做法对完善我国危废润滑油再生利用具有借鉴意义。包括完善的法规管理、产业促进政策、专业化分工、重视过程管理、发挥行业协会作用等。

我们在调研中，了解到上海通凌新能源科技发展有限公司是我国目前在该领域科技创新较为领先的单位，其独立研发了“以改变导热载体、间接升温、常减压串联的新型蒸馏工艺技术”，其对危废润滑油再生利用行业所涉及的生产工艺、工艺流程及产品质量制定了详细的技术编制说明和规范标准，对于行业发展具有重要参考价值。

课题组在对废润滑油处置行业广泛深入调查的基础上，形成了本书。本书的核心内容如下：(1) 危废润滑油基本概念；(2) 我国危废润滑油再生利用行业概述；(3) 危废润滑油再生利用的重大意义；(4) 我国危废润滑油再生利用管理阶段演变；(5) 我国危废润滑油再生利用市场运行状况及问题；(6) 我国危废润滑油市场监管存在的问题；(7) 我国危废润滑油再生利用监管标准及问题；(8) 从资源属性再认识危废润滑油；(9) 美国、德国、意大利、日本等国危废润滑油再生利用的经验与做法；(10) 废电瓶与地沟油再生利用的经验可资借鉴；(11) 危废润滑油再利用生产技术工艺创新最新进展：以上海通凌为例；(12) 促进我国危废润滑油再生利用行业健康发展的政策建议。全书最后以“上海危废润滑油再利用座谈会纪要”作为附录，以让读者具有现场感地分享有关专家的思想和观点。

本研究成果是课题组成员合作完成的，各自都贡献了自己的观点和思路，这些都包含在各章之中。张志忠同志搜集整理资料做了大量基础性工作。感谢课题组各位成员和特邀专家，感谢对我们调研给予大力支持的相关单位和同志，感谢中国财政经济出版社及其经济理论出版中心周桂元主任给予的大力支持。课题组注重深入实际调查研究与文献资料调研相结合，查阅引用了许多相关资料，在此对各位作者表示衷心感谢。危废润滑油再生利用既是一个涉及面较广的行业，又是一个技术性很强的行业，由于专业及各方面视野的不足，本研究一定会有许多疏漏，我们真诚地希望有关专家和学者提出宝贵意见，不胜感激。

**国务院发展研究中心公管所副所长、研究员　李国强**

2015 年 6 月 8 日

# 目　　录

# 第1章　危废润滑油基本概念

## 1.1　润滑油

### 1.1.1　概念

润滑油是用在各种类型机械上以减少摩擦、保护机械及加工件的液体润滑剂，主要起润滑、冷却、防锈、清洁、密封和缓冲等作用。润滑油、润滑脂统而言之为“润滑剂”。简单地说，润滑剂就是介于两个相对运动的物体之间，具有减少两个物体因接触而产生摩擦的功能。润滑油占全部润滑材料的85%，种类牌号繁多，现在全世界年用量约3800万吨。对润滑油总的要求是：

（1）减摩抗磨，降低摩擦阻力以节约能源，减少磨损以延长机械寿命，提高经济效益；

（2）冷却，要求随时将摩擦热排出机外；

（3）密封，要求防泄漏、防尘、防窜气；

（4）抗腐蚀防锈，要求保护摩擦表面不受油变质或外来侵蚀；

（5）清净冲洗，要求把摩擦面积垢清洗排除；

（6）应力分散缓冲，分散负荷、缓和冲击及减震；

（7）动能传递，液压系统和遥控马达及摩擦无级变速等。发动机在运转时，如果一些摩擦部位得不到适当的润滑，就会产生干摩擦。实践证明，干摩擦在短时间内产生的热量足以使金属熔化，造成机件的损坏甚至卡死（许多漏水或漏油的汽车出现拉缸、抱轴等故障，主要原因就在于此）。因此必须对发动机中的摩擦部位给予良好的润滑。当润滑油流到摩擦部位后，就会粘附在摩擦表面上形成一层油膜，减少摩擦机件之间的阻力，而油膜的强度和韧性是发挥其润滑作用的关键。

### 1.1.2 组成

润滑油一般由基础油和添加剂两部分组成。基础油是润滑油的主要成分，决定着润滑油的基本性质，添加剂则可弥补和改善基础油性能方面的不足，赋予某些新的性能，是润滑油的重要组成部分。

#### 1.1.2.1 基础油

润滑油基础油主要分矿物基础油、合成基础油以及生物基础油三大类。矿物基础油应用广泛，用量很大（约95%以上），但有些应用场合则必须使用合成基础油和生物基础油调配的产品。

矿物基础油由原油提炼而成。润滑油基础油主要生产过程包括：常减压蒸馏、溶剂脱沥青、溶剂精制、溶剂脱蜡、白土或加氢补充精制。1995年修订了中国现行的润滑油基础油标准，主要修改了分类方法，并增加了低凝和深度精制两类专用基础油标准。矿物型润滑油的生产要选用最佳的原油。

矿物基础油的化学成分包括高沸点、高分子量烃类和非烃类混合物。一般由烷烃（直链、支链、多支链）、环烷烃（单环、双环、多环）、芳烃（单环芳烃、多环芳烃）、环烷基芳烃以及含氧、含氮、含硫有机化合物和胶质、沥青质等非烃类化合物等组成。生物基础油（植物油）越来越受欢迎，它可以生物降解而迅速降低环境污染。由于当今世界上所有的工业企业都在寻求减少对环境污染的途径，而这种”天然”润滑油正拥有这个特点，虽然植物油成本高，但所增加的费用足以抵消使用其他矿物油、合成润滑油所带来的环境治理费用。

I类基础油通常是由传统的“老三套”工艺生产制得，其生产过程基本以物理过程为主，不改变烃类结构，生产的基础油质量取决于原料中理想组分的含量和性质。因此，该类基础油在性能上受到限制。

II类基础油是通过组合工艺（溶剂工艺和加氢工艺结合）制得，其生产过程主要以化学过程为主，不受原料限制，可以改变原来的烃类结构。因而II类基础油杂质少（芳烃含量小于10%），饱和烃含量高，热安定性和抗氧性好，低温和烟炱分散性能均优于I类基础油。

III类基础油是用全加氢工艺制得，与II类基础油相比，属高黏度指数的加氢基础油，又称作非常规基础油（UCBO）。III类基础油在性能上远远超过I类基础油和II类基础油，尤其是具有很高的黏度指数和很低的挥发性。某些III类油的性能可与聚α—烯烃（PAO）相媲美，其价格却比合成油便宜得多。

IV类基础油指的是聚α—烯烃（PAO）合成油。常用的生产方法有石蜡分解法和乙烯聚合法。PAO依聚合度不同可分为低聚合度、中聚合度、高聚合度，分别用来调制不同的油品。这类基础油与矿物油相比，无S、P和金属，由于不含蜡，所以倾点极低，通常在-40℃以下，黏度指数一般超过140。但PAO边界润滑性差。另外，由于它本身的极性小，对溶解极性添加剂的能力差，且对橡胶密封有一定的收缩性，但这些问题都可通过添加一定量的酯类得以克服。

除 I ~ IV 类基础油之外的其他合成油（合成烃类、酯类、硅油等）、植物油、再生基础油等统称 V 类基础油（见表 1.1）。

**表 1.1　　API—1509 基础油分类标准**

| 试验方法 | ASTM D2007 | ASTM D2270 | ASTM D2622/D4294/D4927/D3120 |
|---|---|---|---|
| 类别 | 饱和烃含量（%） | 黏度指数 VI（%） | 硫含量（%）（质量分数） |
| I 类 | <90 | 80 ~ 120 | >0.3 |
| II 类 | >90 | 80 ~ 120 | <0.3 |
| III 类 | >90 | >120 | <0.3 |
| IV 类 | 聚 α—烯烃（PAO） | | |
| V 类 | 所有非 I、II、III 或 IV 类基础油 | | |

21 世纪对润滑油基础油的技术要求主要有：热氧化安定性好、低挥发性、高黏度指数、低硫/无硫、低黏度、环境友好。传统的“老三套”工艺生产的 I 类润滑油基础油已不能满足未来对润滑油的这种要求，加氢法生产的 II 或 III 类基础油将成为市场主流。

1.1.2.2　添加剂

添加剂是近代高级润滑油的精髓，正确选用，可改善其物理化学性质，对润滑油赋予新的特殊性能，添加或加强其原来具有的某种性能，满足更高的要求。根据润滑油要求的质量和性能，对添加剂精心选择，仔细平衡，进行合理调配，是保证润滑油质量的关键。一般常用的添加剂有：黏度指数改进剂，倾点下降剂，抗氧化剂，清净分散剂，摩擦缓和剂，油性剂，极压剂，抗泡沫剂，金属钝化剂，乳化剂，防腐蚀剂，防锈剂，破乳化剂，抗氧抗腐剂等（见表1.2）。

目前国内的主要添加剂生产商都在北方，因为相对于南方，在北方生产的添加剂含水量要小。

表1.2　　废机油中常见的添加剂列表

| 种　类 | 主要成分 |
|---|---|
| 防磨损添加剂 | 二烷基二硫代磷酸锌、磷酸盐、有机硫磺和氯的混合物、亚硫酸酯、硫化物和二硫化物 |
| 清洁剂 | 金属有机纳化合物、碳酸钙和碳酸镁、磷酸盐和硫酸盐 |
| 防腐剂 | 二烷基二硫代磷酸锌、金属碳酸化合物、脂肪酸和脂肪胺 |
| 分散剂 | 烷基琥珀先亚胺、烷基琥珀酸脂 |
| 摩擦调节剂 | 有机脂肪酸、猪油、磷酸化合物 |
| 降倾点剂 | 烷化环烷和碳酸聚合体、聚甲基丙烯酸脂 |
| 膨胶剂 | 有机磷酸盐芳香烃 |
| 粘性调节剂 | 石蜡聚合体、甲基丙烯酸脂、二烯或烷化苯乙烯 |
| 防沫剂 | 硅聚合体、有机共聚体 |
| 抗氧化剂 | 二烷基二硫代磷酸锌、受阻碍粉、芳香胺、亚硫酸分 |
| 金属钝化剂 | 含氮和硫化铵的有机复合物、硫化物和磷化物 |

资料来源：作者根据各类资料整理。

## 1.2　危废润滑油

危废润滑油主要是指润滑油在各种机械、车辆、船舶和设备的使用过程中，由于受到氧化、热分解作用和杂质污染，其理化性能达到各自的换油指标而被换下来的润滑油。润滑油在使用过程中受外界污染会产生大量胶质、氧化物，从而降低乃至失去了其控制摩擦、减少磨损、冷却降温、密封隔离、减轻振动等功效而变成废机油。

危废润滑油中杂质可分为 11 大类：①使用过程中无意引入的机械杂质，如灰尘、泥沙、纤维、金属粉末等；②润滑油中的残燃油，如汽油、煤油、柴油等轻质油；③混入的水分；④碳粒；⑤碳青质、油焦质；⑥润滑过程中氧化产生的胶质及沥青质；⑦酸类，主要是油溶性有机酸，有时也含有水溶性酸（包括无机酸和低分子量有机酸）；⑧过氧化物；⑨中性含氧化合物，包括酯类、醚类和某些羰基化合物；⑩皂类；⑪添加剂消耗后产生的化合物。

危废润滑油按来源主要由两大类组成：交通运输废机油和工业废机油，二者在废机油中占比大约是 55% 和 45%。前者主要来源于汽车、机车、船舶、航空器等使用过程中产生的废机油。后者主要来源于大型工矿企业，包括矿山、冶金、有色金属加工、汽车制造、机械加工等设备使用过程中产生的废机油。

## 1.3 废矿物油

从润滑油的组成中我们知道，矿物油是润滑油基础油的一种，废矿物油也是废润滑油，俗称“废机油”。

根据中华人民共和国财政部、国家税务总局 2013 年 12 月 12 日发布的《关于对废矿物油再生油品免征消费税的通知》（财税［2013］105 号），“废矿物油”是指工业生产领域机械设备及汽车、船舶等交通运输设备使用后失去或降低功效更换下来的废润滑油。

根据《国家危险废物名录》的规定，“废矿物油”是指在机动车维修、企业在生产经营过程中产生的各种废机油、废汽油、废柴油、废原油、废真空泵油、废齿轮油、废液压油、废热处理油、废变压器油等以矿物油为基础的各类润滑油失去原来功能而报废的油类。其来自于石油开采和炼制过程中的油泥和油脚，矿物油类仓储过程中产生的沉积物，机械、动力、运输等设备的更换油及清洗油，金属轧制、机械加工过程中产生的废机油，含油废水处理过程中产生的废机油及油泥，油加工和油再生过程中产生的油渣及过滤介质等，都是不适合其原来用途的废矿物油，属于毒性物质，其内含的硫化物、石油类物质、富营养物对水和土壤的污染特别严重，废矿物油已被列入《国家危险废物名录》，编号为HW08。

### 专栏1.1 废矿物油的一些基本情况

1. 废矿物油分类按照《国家危险废物名录》执行，按行业来源分类如下：

—原油和天然气开采；

—精炼石油产品制造；

—涂料、油墨、颜料及相关产品制造；

—专用化学品制造；

—船舶及浮动装置制造；

—非特定行业。

2. 应在废矿物油包装容器的适当位置粘贴废矿物油标签，标签应清晰易读，不应人为遮盖或污染。

3. 废柴油、废煤油、废汽油、废分散油、废松香油等闭杯试验闪点等于或低于60℃的废矿物油，应标明“易燃”。

## 1.4 危险废弃物

危险废弃物即危险废物，是指在操作、储存、运输、处理和处置不当时会对人体健康或环境带来重大威胁的废物。根据《中华人民共和国固体废物污染防治法》的规定，危险废物是指列入国家危险废物名录或者根据国家规定的危险废物鉴别标准和鉴别方法认定的具有危险特性的废物。

根据《国家危险废物名录》的定义，危险废物为：

"具有下列情形之一的固体废物和液态废物，列入本名录：

（一）具有腐蚀性、毒性、易燃性、反应性或者感染性等一种或者几种危险特性的；

（二）不排除具有危险特性，可能对环境或者人体健康造成有害影响，需要按照危险废物进行管理的。"

危险废物是具有毒害性、爆炸性、易燃性、腐蚀性、化学反应性、传染性及放射性等危害特性的一类特殊的废物，其性质多种多样，种类繁杂，鉴别困难。同时，危险废物的危害具有长期性和潜伏性，不但会污染空气、水源和土壤，而且会通过各种途径渠道，在其生产、运输、贮存、处理处置的过程，可能危害人体健康和生态环境。

根据2008年8月1日施行的《国家危险废物名录》，废润滑油被明确列为第8类，为HW－08废矿物油。

## 专栏1.2 国家危险废物名录

| 废物类别 | 行业来源 | 废物代码 | 危险废物 | 危险特性 |
|---|---|---|---|---|
| HW08 废矿物油 | 天然原油和天然气开采 | 071—001—08 | 石油开采和炼制产生的油泥和油脚 | T，I |
| | | 071—002—08 | 废弃钻井液处理产生的污泥 | T |
| | 精炼石油产品制造 | 251—001—08 | 清洗油罐（池）或油件过程中产生的油/水和烃/水混合物 | T |
| | | 251—002—08 | 石油初炼过程中产生的废水处理污泥，以及储存设施、油—水—固态物质分离器、积水槽、沟渠及其他输送管道、污水池、雨水收集管道产生的污泥 | T |
| | | 251—003—08 | 石油炼制过程中API分离器产生的污泥，以及汽油提炼工艺废水和冷却废水处理污泥 | T |
| | | 251—004—08 | 石油炼制过程中溶气浮选法产生的浮渣 | T，I |
| | | 251—005—08 | 石油炼制过程中的溢出废机油或乳剂 | T，I |
| | | 251—006—08 | 石油炼制过程中的换热器管束清洗污泥 | T |
| | | 251—007—08 | 石油炼制过程中隔油设施的污泥 | T |
| | | 251—008—08 | 石油炼制过程中储存设施底部的沉渣 | T，I |
| | | 251—009—08 | 石油炼制过程中原油储存设施的沉积物 | T，I |
| | | 251—010—08 | 石油炼制过程中澄清油浆槽底的沉积物 | T，I |

| 废物类别 | 行业来源 | 废物代码 | 危险废物 | 危险特性 |
|---|---|---|---|---|
| HW08 废矿物油 | 天然原油和天然气开采 | 251—011—08 | 石油炼制过程中进油管路过滤或分离装置产生的残渣 | T，I |
| | | 251—012—08 | 石油炼制过程中产生的废弃过滤粘土 | T |
| | 涂料、油墨、颜料及相关产品制造 | 264—001—08 | 油墨的生产、配制产生的废分散油 | T |
| | 专用化学产品制造 | 266—004—08 | 粘合剂和密封剂生产、配置过程产生的废弃松香油 | T |
| | 船舶及浮动装置制造 | 375—001—08 | 拆船过程中产生的废机油和油泥 | T，I |
| | 非特定行业 | 900—200—08 | 珩磨、研磨、打磨过程产生的废矿物油及其含油污泥 | T |
| | | 900—201—08 | 使用煤油、柴油清洗金属零件或引擎产生的废矿物油 | T，I |
| | | 900—202—08 | 使用切削油和切削液进行机械加工过程中产生的废矿物油 | T |
| | | 900—203—08 | 使用淬火油进行表面硬化产生的废矿物油 | T |

| 废物类别 | 行业来源 | 废物代码 | 危险废物 | 危险特性 |
| --- | --- | --- | --- | --- |
| HW08 废矿物油 | 非特定行业 | 900—204—08 | 使用轧制油、冷却剂及酸进行金属轧制产生的废矿物油 | T |
| | | 900—205—08 | 使用镀锡油进行焊锡产生的废矿物油 | T |
| | | 900—206—08 | 锡及焊锡回收过程中产生的废矿物油 | T |
| | | 900—207—08 | 使用镀锡油进行蒸汽除油产生的废矿物油 | T |
| | | 900—208—08 | 使用镀锡油（防氧化）进行热风整平（喷锡）产生的废矿物油 | T |
| | | 900—209—08 | 废弃的石蜡和油脂 | T，I |
| | | 900—210—08 | 油/水分离设施产生的废机油、污泥 | T，I |
| | | 900—249—08 | 其他生产、销售、使用过程中产生的废矿物油 | T，I |

综上所述，废润滑油、废矿物油都具有腐蚀性、毒性、易燃性、反应性或者感染性的特征，属于危险废弃物，是对人类健康和环境造成重大危险且具有害影响的固体废物。同时它们也是可再生利用的资源，急需加以重视。特别是随着我国经济社会的发展和人民生活水平的提高，废机油严重威胁人民群众的健康，威胁生态环境。因此，研究废机油的再生利用对于保护环境、节约资源具有重要意义。

# 第2章　我国危废润滑油再生利用行业概述

随着经济社会发展和人民生活水平不断提高，我国油品消耗量逐年增加。作为润滑油的副产品，危废润滑油随我国润滑油消费量的增加而增加。本章研究当前危废润滑油的再生利用行业情况，包括废机油数量、再生利用现状、当前废机油的处置方法等。

## 2.1　我国废机油数量

经过30多年的发展，我国已从工业化初期进入工业化中期，建立了完善的工业体系，确立了世界制造大国的地位。石油是工业的血液，自改革开放以来，随着石油消费数量特别是润滑油消费数量的大增，我国废机油数量也逐年增多。

国家统计局数据显示，2010年，我国润滑油表观消费量达到1081万吨，首次突破千万吨大关，也是历史最高纪录。尽管近些年来由于经济减速导致工业用油量减少，作为经济晴雨表的润滑油表观消费量也有所下降，2013 年为 750 万吨，2014 年为 760 万吨（见表 2.1）。但从长远看，润滑油的消费量无疑是增长的。目前我国已是世界第二大润滑油消费国，到 2020 年，将跃升世界第一大润滑油消费国。届时，我国将是世界第一大经济体和汽车拥有量第一大国，对石油尤其是润滑油的巨大潜在消费量是毋庸置疑的。

**表 2.1　2005～2014 年中国润滑油消费情况**　单位：万吨

| 年份 | 产量 | 进口量 | 出口量 | 表观消费量 |
|---|---|---|---|---|
| 2005 | 541.50 | 116.10 | 13.00 | 644.60 |
| 2006 | 570.00 | 100.00 | 10.00 | 680.60 |
| 2007 | 623.40 | 138.30 | 18.30 | 743.40 |
| 2008 | 640.80 | 163.60 | 25.20 | 779.20 |
| 2009 | 758.50 | 213.80 | 16.20 | 956.10 |
| 2010 | 856.90 | 245.00 | 20.60 | 1081.30 |
| 2011 | 841.30 | 249.40 | 28.60 | 1062.10 |
| 2012 | 845.00 | 229.00 | 19.90 | 1054.00 |
| 2013 | 620.00 | 110.00 | 20.00 | 750.00 |
| 2014 | 610.00 | 135.00 | 15.00 | 760.00 |

资料来源：作者根据相关资料整理。

以汽车为例，各类汽车使用的润滑油占润滑油总消费量的 50% 以上，所产生的废机油占比也大体在 50% 以上。

公安部交通管理局公布的数据显示，截至 2014 年底，全国机动车保有量已经超过 2.64 亿辆，其中，汽车保有量将近 1.4 亿万辆（含三轮汽车和低速载货汽车），摩托车超过 9467 万辆。以每辆汽车每年更换机油 3 次、每次换机油量 8 升计算，一年下来将产生33.6亿升废机油，而一般机油的密度约为0.825千克/升[①]，那么每年全国废机油“存量”估计为27.72万吨。按200升的标准桶计算，每桶价格在500元左右，每年全国汽车废机油市场价值在84亿元左右。而且随着机动车保有量的持续增长，废机油的产生量也将不断上升。

另外，截至2013年底，全国拥有水上运输船舶17.26万艘，大小机动渔船150万艘（见图2.1）。由此，国内船舶每年更换下来的废机油大约在150万吨左右，这个数字还不包括外埠来港的大吨位货船。再加上飞机、火车和各种机械设备等更换下来的废机油，综合国内部分研究数据，预计汽车等交通运输工具及各类工程机械设备，全国每年产生的废机油至少在400万吨。此外，我国每年产生的废柴油和非标柴油的数量也相当于废机油的产生量。可见

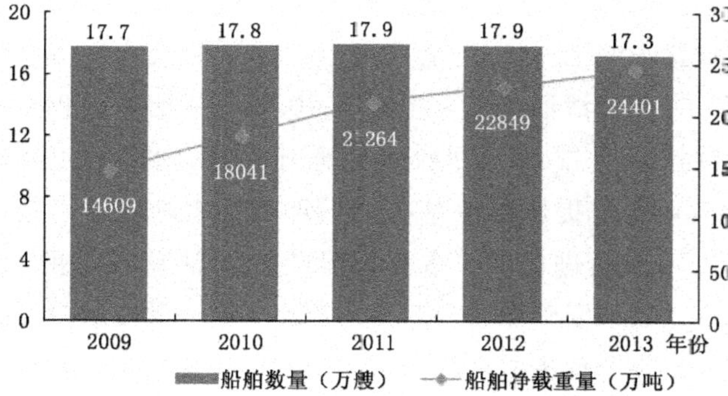


图2.1 2009~2013年全国水上运输船舶拥有量

资料来源：2013年交通运输行业发展统计公报。

---

① http://news.xinhuanet.com/legal/2011-01/31/c_121043867.htm

我国废机油数量之巨大，如果能够再生利用，将会产生可观的经济效益。

## 2.2 我国废机油再生利用现状

近年来，在《“十二五”资源综合利用指导意见》和《大宗固体废物综合利用实施方案》的指导下，我国对于危废机油再生利用的重视程度越来越高。

### 2.2.1 废机油数量大，但有效利用率较低

根据前文分析，目前我国年产生废机油量大约1000万吨，虽然一直未被废弃，但是废机油有效利用却一直成效不大、进展缓慢。研究机构对废机油的分析表明，废机油中只有10%为不能利用的废物，其余90%是可以重新加工再生利用的。废润滑油的再生率一般可达50%以上，甚至更高，一吨原油只能提炼0.3吨基础油，而一吨废润滑油再生可得0.7～0.9吨基础油。我国目前废润滑油表观产生量按50%回收率计算（保守计算），可达520万吨，按85%收得率提炼再生基础油，年产再生基础油可达275万吨，超过当年新品进口量，占全国全年润滑油总产量的32.18%（见表2.2）。如果废矿物油全部得到合理利用，既可减少对国外进口的依赖，又可降低废机油利用不当造成的环境污染。然而，目前全国年提炼再生基础油再生量仅为40万吨左右①，八成以上的废润滑油资源未得到合理利用。根据报道，由于种种原因，我国废机油有效利用率很低，目前的回收再生利用率只有20%左右。② 这意

① “土炼油”挥霍资源“耗不起”，《市场报》，2013年5月8日。

② 让“废机油”变废为宝重上台面 http://auto.hsw.cn 2011－11－25。

味着，每年我国有几百万吨的“翻新”废机油在市场上流通。

表 2.2　　各种废润滑油的再生回收率　　单位：%

| 品　种 | 再生率 |
| --- | --- |
| 内燃机油 | 75～85 |
| 机械油 | 85～90 |
| 变压器油 | 90～92 |
| 各种杂油 | 68～80 |

### 2.2.2　废机油规范处置比例低

根据我国目前废机油再生利用发展的实际，到目前为止，从产废单位收到废机油，经过无污染、高收率、工业化处理，然后生产出再生基础油或生产出再生润滑油的有证企业相对较少。据业内人士乐观估计，有证企业所能收到的废机油，只占废机油市场的10%。① 其中还有表面上是被有证企业收去了，但相当一些企业没有能力处理，有的甚至卖给了无证企业。

一些有证企业收到废机油，很大一部分经过原始处理（脱水、去杂），或经过简单蒸馏后就将产品推向市场，其残渣等未经很好处理，不是焚烧就是填埋，对环境仍然具有相当大的危害性，对资源也是一种浪费。如北京、上海等地，获得环保资质的企业为数有限，且废机油回收无保障，因此实际得到规范处置的数量很小（上海 1%，北京 5%）。大量废机油或未经处理排放，或通过非法回收的地下“中转”，流至小炼油厂“翻新”成低等级再生油。在

① 贺建华、水琳：“中国润滑油废机油再生市场需求分析”，《当代石油石化》，2012 年第 20 期。

“土炼油厂”的简单加工环节中，废润滑油中的基础油成分大部分被破坏，只能生产出劣质柴油。这既对生态环境产生严重污染，又浪费了再生资源。以辽宁省为例①，据有关部门预测：辽宁省机动车4S店和各类企业转机设备每年约产生15万吨废机（润滑）油。到目前为止已经建成规范的废机油再生项目6个，形成了5.8万吨的生产能力，但由于多方面原因，设备利用率还不足50%，也就是说，目前的处理量还不到3万吨，有近80%的废机油得不到合理利用，或土法炼油或当作燃料烧掉，这不但造成宝贵的资源浪费，而且将产生严重的二次污染。

## 2.3 废机油处置方法

### 2.3.1 处置方法

国内废机油通常有以下几种处置方法②：

直接燃烧：直接燃烧是不加任何处理直接作为燃料，后果是对环境造成二次污染。润滑油闪点③高不易燃烧，且废机油中所含的添加剂及污染物在燃烧后产生很多灰分和有害物质，不利于燃烧系统，需要经常清洁处理，烟道气的处理也困难。有文献指出，燃烧

① 李凤鸣、高魁：“发展废机油再生产业促进经济与环境和谐并进”，辽宁省危险废物管理中心，沈阳，110031。

② 彭怡、伍钦：“废润滑油回收利用技术研究进展”：《广州化工》，2014年第9期。

③ 油蒸气和周围空气的混合气与火焰接触，发生闪火现象的最低温度称为闪点，是反映油品安全性的质量指标，对生产、运输和使用具有重要意义。闪点是表示油品蒸发的一项指标，油品的馏分越轻，蒸发性越大，其倾点越低。反之，油品馏分越重，蒸发性越小，其闪点也越高。同时，闪点又是表示石油产品着火危险性的指标。黏度相同的情况下，闪点越高越好。

未经处理过的废润滑油，烟气中的重金属微粒要比烧普通柴油浓度高出 22 ~37 倍，对人体健康危害很大。

转化为燃油：将废机油经过热解或催化裂解制得燃泊，可以解决废机油中氯、硫、磷、重金属危害的问题，而且热值比直接用废机油做燃料有更好的利用。Bhaskar 等研究了几种负载氧化铁催化剂 $Fe/SiO_2$，$Fe/Al_2O_3$，$Fe/SiO_2—Al_2O_3$，对废机油转化为燃料的脱硫效果，在试验条件下，$Fe/SiO_2$ 效果最好；结果表明，硫含量从 1640ppm 降低到了 90ppm。Amnat 等利用硫酸化的氧化皓催化裂化废润滑油得到液体燃料。Balat 以氧化铝为催化剂，热解废机油制得类似汽油的燃料，其辛烷值为 96，高于汽油的 89。Ucar 等专家用废润滑油分别和客车轮胎及卡车轮胎进行共热解，得到的热解油与商品柴油相比，组分更轻（闪点更低），但比重和黏度更高。Lam 等的研究中提到用微波加热法裂解废机油，得到的液体油中 Cu、Ni、Pb、Zn、Fe 金属元素含量降低 93% ~97%，cd 含量降低 46%，Cr 含量降低 32%。

再精制为基础油：虽经使用但废机油的主要成分并未改变，经精制去除不良组分或将其转化，提取出并未变质的成分，则可得到与原基础油性质接近甚至更好的再生油。废机油中 75% ~99% 的成分都是好的，若能完全提取，既减少了污染又增加了效益。简单的物理精制方法有沉降、离心、过滤等，可以去除废机油中一些机械杂质、部分水分。但是简单的物理精制方法无法完全去除废机油中的杂质，精致效果差，不能满足日益提高的润滑油标准要求；另一方面，润滑油品使用条件愈加苛刻，其中加入了多种添加剂，如清净剂、分散剂、黏度指数改进剂等，以提高润滑油的性能和使用期限，这导致废机油更加难以再生，必须辅以更高的科技手段才可实现。因此，必须用更好的精制方法，提取出有用的成分，将不好的组分如水分、燃油、酸性氧化物、胶质、炭粒等去除或转化，才能得到符合要求的基础油。

替代脱模油：由于废润滑油的效用与脱模油较为相似，但是其价格低于脱模油，因此部分建筑工地地对废润滑油进行简单加工处理后替代脱摸油，供建筑工地刷模板等用途。

然而，上述几类处置方法都对环境有负面影响。

2.3.2 技术手段

2.3.2.1 简单蒸馏结合酸碱白土精制技术

我国现阶段废机油再生仍沿用20世纪70年代的废机油再生加工工艺，即以明火简单蒸馏—硫酸酸洗—白土过滤为主的工艺；该工艺的缺陷至今无法解决，且对环境所造成的危害巨大。

（1）废机油再生回收率较低。

（2）产品质量不稳定，只能生产低档脱模油、燃油，其销售价格低廉，工业用途狭窄。

（3）无论硫酸酸洗，还是白土过滤，都会对环境造成严重的二次污染。

（4）能耗较高，产品可获得得率低，作为一种可再生资源没有得到充分利用，就能源匮乏的今天而言，也是一种浪费。

虽然国家已经明令该工艺属淘汰工艺。但在新工艺取得突破之前，目前我国几乎所有废润滑油再生都不得不沿用该工艺。

2.3.2.2 热裂解工艺

以废润滑油作为生产原料，利用高温断裂分子键，使分子量发生变异，继而改变其馏程，而产品只能作为一般的低端燃料油使用。社会上所形成的劣质的汽柴油大都与此有关。该工艺对环境形成直接的危害，国家明令禁止。

（1）由于工艺简陋，热裂解过程中所形成的大量非甲烷总烃无法回收。不仅浪费了大量资源，更对大气环境造成严重的污染。

（2）裂解过程中所形成的不饱和烃，使产品抗氧化性极差，最终产品须利用硫酸作为还原剂对其进行抗氧化处理，所形成的工业废渣则对周边环境造成更为严重的二次污染。

（3）热裂解温度一般在450℃以上，远超过各油品的自燃温度，如措施不当，极易造成安全事故，因此该工艺理论上存在的安全隐患无法消除。

2.3.2.3　分子蒸馏技术

分子蒸馏技术是通过蒸馏物体即分子对温度、压力形成对分子直径的变异影响分子运动平均自由程作为主要因素。就物质而言，分子运动平均自由程与温度成正比、与压强成反比。不同物质在同一条件下，由于分子的有效直径不同，其分子的平均自由程也有所不同。分子蒸馏技术正是利用提高温度和降低压强来提高分子的自由程，实现不同组分进行分馏。但目前在国内尚未有生产企业使用该技术的报告，影响该技术使用的原因有以下几个：

（1）由于废润滑油的组分结构复杂，馏程宽，当预处理不能达到前置平衡要求时，物料产生共沸，产品分离不清。

（2）液膜的生产是以无纺布聚酯合成，在该技术要求中，液膜的孔经为分子级别，而废润滑油的组分从轻质分子到重质分子其分子量的差异过于悬殊，对液膜孔径设置的要求也是一大挑战，且成本昂贵。

（3）蒸馏过程中，装置涉及对物料的蒸馏温度、时间、压力以及加热板与冷凝板之间的间距等因素与蒸馏器的结构密切相关。这些技术参数目前尚无法考证。

2.3.2.4　蒸馏加氢技术

蒸馏加氢工艺是目前普遍认为较为先进的解决废润滑油再生生

产工艺，是解决环境污染与能源再生的有效方法。但不利因素在于：

（1）加氢会极大增加产品的成本，不仅涉及生产安全因素，其投资额与生产运行成本也是一般企业无法承受的。

（2）就加氢工艺而言，无论涉及裂解加氢或蒸馏加氢，加工成本都很高，唯有形成一定规模的生产量，有满足生产装置的原料保证，才有实现加氢工艺的可行性。现在社会固有的体系所形成的长期观念、行政措施的缺乏、回收的生产原料数量都不足以支持该技术的实施。

（3）加氢工艺对原料要求极为苛刻，如硫含量、金属含量、氯根、灰分、水分等指标的超标以及其他因素的变化都会导致催化剂中毒而失去活性。

不论国内还是国外，废机油再生利用的方法很多但都在朝着低碳环保的方向发展。纵观近年来环境日益恶化的现象，大家都认识到了二次资源利用的重要性和新技术推广的必要性。传统的硫酸—白土等工艺必将成为历史，新型的分子蒸馏技术以及超临界与膜耦合技术将会逐步走向工业化，使国内再生废润滑油装置不断朝着环保、高效、大型化的方向发展。

### 专栏 2.1　国外废润滑油再生方法：典型工艺简介

按照废机油再生技术发展的先后顺序，国外废机油再生方法可划分为酸—白土法、蒸馏—白土法、蒸馏—加氢法等三种方法，每一种方法都有不同的工艺，现将这几种方法的典型工艺简介如下，供废润滑油再生项目技术选型时参考：

一、预处理—硫酸—白土方法

1. 梅肯（德国 Meinken）工艺：废机油先经过过滤、闪蒸脱水脱汽油后进行热处理，热处理是在罐中于轻度真空及330℃进行的，将热处理后的油冷却至常温，然后进行酸洗、带土蒸馏、白土石灰精制等步骤而得到基础油。

2. 法国石油研究所（IFP）工艺：在硫酸白土工艺工程中，在酸精制前加一个丙烷净化工序，从而把硫酸量从原来的10%～13%降到2%～3%，白土量也从原来的5.5%～8.5%降到2%～4%，增加再生油收率。该工艺是法国石油研究所开发的废机油再生工艺。

二、蒸馏—白土方法

1. 马达润滑油精制公司工艺：废机油经过立式圆筒锥底罐沉降脱水脱杂后，再经过用热载体加热的常压闪蒸装置脱水脱汽油，然后进入薄膜蒸发器闪蒸，蒸出的润滑油组分用白土脱色处理。

2. 沃而特（WORLD）工艺：该工艺的蒸馏装置是自己开发的两段真空静态薄膜蒸馏，废机油先在低真空下蒸出汽油组分，再在高真空下分离润滑油馏分而得到基础油，基础油馏分通过白土脱色处理。

3. 美国资源技术公司的技术（RT 工艺）。其特点是采用了独特的蒸馏设备设计，设计了旋风闪蒸塔，原料废机油可不经过离心、絮凝等预处理工序脱除生焦物质，直接进入闪蒸塔蒸馏出基础油分。

4. 久远工艺：采用分子蒸馏进行基础油蒸馏，独特的短程蒸馏器结构设计：在保证成膜性的同时能有效降低原料在蒸发器内壁的结垢、结焦等问题；并采用固定床白土脱色装置，该工艺具有连续化生产、有效提高劳动效率的特点。

三、蒸馏—加氢法

1. 国际动力学技术公司（KTI）工艺：其过程即是将减压蒸馏和加氢精制相结合除去大部分杂质和添加剂。KTI 技术的工艺过程如下；废机油经常压脱水和轻油后，在薄膜蒸发器 1 中脱柴油，然后在薄膜蒸发器 2 中蒸出基础油馏分，经热处理后，进行加氢补充精制，获得再生基础油。

2. 安全的 KLEEN 工艺：工艺过程中废机油经过常压闪蒸脱水和溶剂、减压燃油汽提塔、带两台薄膜蒸发器的减压蒸馏和 NI/MO 催化剂固定床式加氢反应器。最后得到基础油。1998 年，世界上最大的废润滑油再精炼厂（美国，印第安纳、东芝加哥，装置能力 25 万 t/d）采用了这种工艺过程。

# 第3章　危废润滑油再生利用的重大意义

党的十八大提出“推进绿色发展、循环发展、低碳发展”“建设美丽中国”的目标。从资源循环利用和经济发展的角度看，最大限度地再生利用废机油对缓解资源紧张，减少环境污染，推进生态文明建设，以及促进我国经济社会可持续发展具有重要意义。

## 3.1　废机油再生利用是保护环境的重要举措

废机油对环境会产生严重危害。研究表明，废机油中含有重金属盐添加剂、含氯有机化合物、含硫有机化合物、含磷有机化合物、含硫磷有机化合物，有些含氯化合物是多环芳烃的氯取代物。这些含重金属、硫、磷、氯的化合物都属于有毒物，对生态环境极为有害，特别是对土壤、水体和大气的污染，并有可能通过各种渠道危害人类。国外研究表明，废润滑油对地下水污染可长达100年之久，微量的废润滑油也会阻碍植物的生长和毒害水生物。实验证明，如果废机油中的有毒物质通过人体和动物表皮渗透到血液中，并在体内积累，会导致细胞丧失正常功能，是公认的致癌和突发病变的化合物。

### 专栏 3.1　小案例：地下水掺杂机油味

日前，记者来到尉氏县洧川镇关庄村。在这里，记者发现了夹在民房之间宅基地上的四个炼油厂。知情人士称，包括关庄在内的尉氏与长葛交界地带，长久以来就有炼油的传统，有人称这些村庄为“炼油村”。几十家炼油厂成了非法炼油“不倒翁”，尉氏一打击，他们就往长葛跑，长葛一打击，他们又往尉氏跑，令两地政府非常头疼。

据关庄村一位修自行车的梁老汉介绍，由于村里没有任何工业，村民以务农为主，但是不知从哪里学会了土法炼油。老人称，因为怕有人来查，炼油厂大都是白天休息，晚上开工。“一到晚上，炼油厂开工后，黑烟就会弥漫在村子的上空，刺眼、难闻的味道让人睡不好。”他说，每到晚上，村里就会有车辆来往，主要是送废机油和拉成品油的，吵得村民睡不着觉。

除此之外，黑炼油厂还严重污染了当地的地下水。“自炼油以来，村南这一带水井打出的水都不能吃了。”说着梁老汉站起身，从修车铺西边的一口水井里打上来一桶水，舀了一碗给记者喝，一口下肚，强烈的机油味让人无法再喝第二口。“村南这一带所有的水井都不能用了。别说人，牲畜吃了都活不长久。”老人愤愤地说。（《人民日报》2013 年 4 月 15 日）

特别是进入水系的废润滑油对水具有很强的污染力。据测算，一升废机油可污染100万升淡水，相当于14个人一年的饮水量。如果废润滑油进入饮用水源，1吨废机油可污染1万吨饮用水，一大桶（200升）废机油流入水体，能造成3.5平方公里水面的污染。被污染的水域，由于油膜覆盖水面，阻断了水中的溶解气体与外边大气交换，水中的溶解氧被生物及污染物消耗后得不到补充，导致水中含氧量明显下降。油膜覆盖在水生植物的叶子上、鱼类贝类等水生动物的呼吸器官上，阻碍水生动植物呼吸，使整个食物链都受到损害。

据估算，从20世纪80年代至今，我国已排放废弃润滑油达7000多万吨，造成经济损失约400亿元左右。[①] 主要江河湖海都受到废机油不同程度的污染，受污染的土地面积达数万公顷。同时，因非法提炼废机油，向大气层排放有害气体也日益增多，严重影响环境，成为我国非常严峻而又急迫需要解决的重大问题。

因此，必须要重视和加强废机油再生利用。目前世界各国处理废润滑油主要采用以下几种方法：（1）丢弃；（2）道路油化；（3）焚烧；（4）再生成燃料或润滑油。

废机油丢弃或掩埋：是将废机油倒入下水道、野外空地或者垃圾中。其后果是：废机油随着河水进入江河湖海，污染水体，导致水生动植物死亡；渗入土壤，造成土地板结，肥力下降，甚至寸草不生。因此丢弃法实际上就是无序排放，早已被世界各国所摒弃。

道路油化法：实际上是废机油丢弃法的翻版，将废机油喷洒在

---

① 洪凤林、依家文、范春："我国废机油再生现状及发展前景"，《2011大连润滑油技术经济论坛论文专辑》。

易起尘土的道路上，与尘土黏合在一起，起覆盖作用。但遇到雨水冲刷，污水流入水系，污染水资源和土壤。后来，废机油被转化为沥青的成分用于建设“柏油”路面，虽然改善了筑路条件，但没有从根本上解决污染问题。

焚烧：即废机油当做燃料，只需要进行简单的沉降离心脱水，这种做法虽然不会失去废机油的利用价值，但带来的不利影响也是多方面的。废机油在燃烧过程中，会有重金属氧化物（如铅、钙、锌等）等和不完全燃烧而形成的多环芳烃氧化物随烟气排放到大气中，造成空气环境污染。

几种主要处理方式的环境因素及对环保的影响见3.1所示。

**表3.1　　废润滑油的主要环境影响及危害性**

| 环境因素 | 主要污染源 | 重要污染物 | 环境影响 | 危害特性 |
|---|---|---|---|---|
| 丢弃 | 废机油 | 重金属、主要硫磷氮化合物、石油类饱和烃 | 土壤、水体污染 | 人体健康、水生动植物链的破坏 |
| 燃烧 | 废气、烟尘 | CO、CMHN、重金属氧化物、多环芳烃氧化物 | 大气污染 | 生态环境、人体健康 |
| 回收处理（硫酸白土法） | 废气、废液 | 硫化氢、二氧化硫、酸碱液 | 大气污染、土壤和水体污染 | 易爆炸、危害人体健康和植物生存 |
| 处理后的废弃物 | 废白土、酸渣等 | 重金属氧化物、PH值石油类饱和烃等 | 土壤和地下水污染 | 生态环境、人体健康 |

资料来源：根据各类资料整理。

总之，废机油不但要回收，而且要借助高技术再生利用，这样才能减少废机油对生态环境的影响。否则，非法回收机构的“土炼法”将造成二次污染。国外的研究也显示，与直馏基础油相比，使用废机油再生的基础油可使 CO2 排放减少 40%。[①]

因此，推动废机油回收与再利用有着十分重要的意义，有利于避免土壤、水域受污染以及维护生态平衡等，是保护环境的重要举措。

## 3.2　废机油再生利用是节约能源、发展循环经济的重要内容

我国是能源消费大国，随着经济社会发展和人民生活水平不断提高，油品消耗量在逐年增加。国家统计局数据显示，从 2005 年开始，我国润滑油消费量逐年上升，以年增 15% 的速度递增。[②] 目前我国已是世界第二大润滑油消费国，到 2020 年，我国将是世界第一大经济体，对石油尤其是润滑油的消费量是巨大的。

众所周知，我国石油资源紧缺。根据世界能源理事会预测：地球上蕴藏的可开发利用石油将在未来三四十年内耗竭。为此，寻求一条以最少资源消耗、最小环境代价实现经济可持续发展的道路，是重要的应对措施。美国曾在 20 世纪 60～70 年代压制过废机油再生利用行业的发展，但经过第一次石油危机后，认识到废机油再生利用的重要性，70 年代末重新出台多项法规以支持

① 王鑫、郭忠华、段少华：“废润滑油的回收与利用技术综述”，《炼油与化工》，2012 年第 3 期。

② 中华人民共和国工业和信息化部网站。

废机油再生利用产业的发展。目前，我国环保部已将废机油列为21世纪在环保领域主要控制的三大重点之一。根据国外经验，充分利用废机油再生还原成品机油，或将废机油精炼成汽油、柴油，既能缓解我国因需求日益增长导致石油短缺的供需矛盾，又能保护环境变废为宝。

**专栏3.2 地沟油上天**

2013年4月24日，凌晨5：43，一架加注中国石化1号生物航空煤油的东方航空空客320型飞机在上海虹桥国际机场试飞。7：08，经过85分钟的飞行，飞机稳稳地降落在跑道上。“本次试航使用了17吨生物航煤，飞行过程中动力很足，与使用传统航空燃料没有区别！”步出舷梯，机长刘志敏、周晓青一脸兴奋。

此次中国石化自主研发的1号生物航空煤油以餐饮废机油为原料，试飞前进行的台驾试验就表明这一生物航煤各项指标都优于普通航煤，特别是安全性能突出。让国人头痛不已的地沟油变身航空燃油上天的消息迅速引起网民关注。（《光明日报》2013年4月25日）

废机油再生是解决目前能源困境的有效途径之一。其实，润滑油在使用过程中，变质的油液占比并不大，仅仅为1%～10%，其余大部分烃类组成仍是润滑油的主要黏度载体和有效成分。只要运用适当的物理和化学方法，就能将废机油中的污染物和变质成分去除，提炼出质量达标的基础油，做到变废为宝。目前，废机油再生利用项目包括两方面的核心技术：一是将废机油提炼成成品油，1吨废机油大约可提炼出800公斤的优质柴油和50公斤的优质汽油，即得油率达到85%；二是将废柴油（包括非标柴油）清澈处理，使其达到优质柴油标准，这方面的出油率达到90%。如果我国将每年的废机油统一收集并再生利用，可新增成品油几百万吨，对缓解我国石油资源紧张是巨大的利好。

由此可见，我国在废机油有效资源化再生处理和循环使用方面有着巨大的发展潜力，不仅能使环境污染最小化，还能缓解能源短缺的巨大压力，实现有限资源利用最大化，使废润滑油行业符合清洁生产、科学发展、可持续发展、和谐发展的要求，也是节约能源、发展循环经济的重要手段，有利于石油资源的充分利用。

### 专栏3.3 美军循环使用废机油的方法

据美《陆军后勤》报道，美陆军正在维修管理中推广一种混合机油和燃油系统，以达到节约财力和人力、减少工作量的目的。

燃油混合可以在“陆军油料分析计划”实验室或在任何计划外维修中更换机油时进行。从车辆发动机曲轴箱中排出的废发动机润滑油与车辆油箱中抽出的柴油或JP8燃油混合在一起，经过过滤器后机油和燃油的混合物被打入车辆油箱中，象燃油一样燃烧。如果机油有任何被防冻液污染的迹象，就不能与燃油进行混合。

机油和燃油混合系统包括一个用于收集废机油的排放罐，一个泵和带软管的搅拌器。搅拌装置从排放罐中抽出机油，从车辆油箱中抽出燃油，把两者混合、搅拌后进行过滤，最后把过滤后的混合物返回车辆油箱中。过滤器几乎可以去掉所有除防冻液以外的、有可能损坏发动机部件的污染物。

使用该系统具有以下优点：

(1) 任何传统的柴油机，如车辆或发电机，都可使用该系统。

(2) 整个混合过程平均只有15分钟。

(3) 由于混合了废机油，所以节约了相应数量的柴油。

(4) 收集、储存和运输废机油所需的成本几乎可忽略不计。

(5) 混合物可在发动机内燃烧，没有任何不利影响，也不向大气中排放任何异常物。

(6) 废机油的再利用防止了大部分机油溢出，以及由此带来的清理成本。

(7) 混合操作需要12.25小时，而传统的更换机油和滤清器需要49.5小时，节省了时间。

(8) 没有储存、记账以及废机油所需的处理费用。

总之，机油混合有许多优点，最明显的是它去除了燃油废物，有助于保持环境清洁。这个系统已得到坦克、机动车辆及军械司令部的认可，要求必须在所有的维修过程中使用。(《石油化工》2014年第3期)

## 3.3 废机油再生利用可以产生巨大的经济效益

如果将废机油随意丢弃，就会造成严重的环境污染。而回收后，既可反复再生利用，还能带来巨大的经济效益。

以长江为例，当前长江三峡库区有约一万艘船舶常年航行，总功率约400万千瓦，按照平均年航行6000小时计算，这些船舶每年产生的油污水约240万吨，产生污油4800吨。也可以测算一下库区船舶更换的机油数量。按照每年每艘船舶平均更换机油一次，平均100公斤，则约有1000吨废机油。[①] 如果能够采取循环使用的办法，这些废机油回收起来将是一个可观的数量，也将创造巨大的经济效益。

### 专栏3.4 荷航开通飞美国的“地沟油”航班

荷兰皇家航空公司近日开通了从首都阿姆斯特丹到美国纽约的生物燃油航班。据悉，荷航使用的生物燃料是以餐厨废机油即俗称的“地沟油”为原料提炼、加工而来的。

荷航从2009年开始探索生物燃油替代航空煤油的可能性。2012年开始，以“地沟油”制成的生物燃料为动力的客机，已执飞阿姆斯特丹至巴黎航线和至里约热内卢航线。航空业决策者们预计，至2020年底欧洲航空业每年将使用200万吨生物燃油作为飞行燃料，约占欧洲飞行燃料消耗总量的3%。（《经济日报》2014年9月13日）

同样以长江上游直辖市重庆为例，近年重庆市年均可回收废润滑油70000吨以上，而目前的回收量仅约14500吨，其回收率为11%。若仅按将回收的废机油处理为最基本的燃料油或加热油计算，则有大约44000吨的可回收而未能回收的燃料油或加热油被无端抛弃，因而造成的直接经济损失就可达3500万元以上。按此方法进行估算，则全国可造成约150万吨的可回收而未能回收的燃料油或加热油被无端抛弃，因而造成的直接经济损失无疑也是巨

① 杨晓东：“船舶污油接收的现在和未来”，2008年船舶防污染国际公约实施学术交流研讨会论文集。

大的。

实际上2013年中国物资再生协会再生油专委会在专门研究开展废机油回收再生问题时曾指出，如果将国内的废机油统一回收，将至少再生基础油几百万吨。这种再生油化学性质虽和市场上出售的润滑油基本一样，但价格却可以更低，有较大的优势。这样就可以抵消进口，满足、调节市场需求。在我国能源日益紧张的今天，无疑是一笔合算的经济账。但现实情况是，我国废机油再生与回收利用量很低，其中很大一部分被作为废弃物直接倒掉或当成燃料烧掉，这在能源匮乏和环境污染日益严重的今天，不仅造成极大的资源浪费，还加剧了环境污染，更是巨大的经济损失。

废机油再生利用具有政策导向性强、产品覆盖面广、产业关联度高、社会责任重大的特点，也是一项利国利民、变废为宝的重大系统性工程，应该引起我国相关部门的高度重视。积极发展废机油再生利用，无疑是构建生产与消费平衡，促进资源节约和减少环境破坏的有效之举，有助于治理环境污染和建设资源节约型、环境友好型社会。

# 第4章　危废润滑油再生利用管理阶段演变

近代以来，自洋务运动展开大规模“工业自强”始，中国工业就开始使用润滑油。根据史料记载，早在1892年，埃克森美孚关联公司就在中国开展润滑油业务，当时是通过贸易进入中国，后又设立“大清代表处”。只不过当时润滑油使用量小，人们更无环保和循环利用之观念。新中国成立后，我国对废机油再生利用管理大体上经历了三个阶段或时期。

## 4.1　废机油再生利用体系初步建立时期（建国初期至20世纪80年代初）

新中国成立后，我国开始实施“一五计划”，当时建立了以苏联援建的156个大型工业企业和694个大中型项目为重点的工业企业，初步形成了自己的工业体系。

工业机械离不开润滑油，使用润滑油意味着有废机油产生。当时我国是在“一穷二白”的基础上建设工业体系，所以从20世纪50年代起，工矿企业都具有极强的节约意识，对于废机油大都进行了再生利用。

到发现大庆油田后，我国基本实现了石油自给自足，当时的一些大石油公司和润滑油生产企业，都设有废机油再生车间或再生设施。到70年代初，我国废机油再生利用进入发展时期，当时商业部制定的“交旧供新”制度保证了废机油再生利用行业的发展。我国基本上形成了以中国石化销售公司下属厂为骨干的废机油再生利用系统，形成以蒸馏—酸洗为主的再生工艺。当时全国属于石油公司的再生厂由于新建及改建，发展到了170多家。各用油行业，如油田、钢铁、机械、铁道、化工、林业等也有50多套废机油再生装置。全国废机油再生装置的总处理能力达到 $2.0\times10^5$ t/a左右，其中最大的是上海润滑油厂，处理能力达 $1.5\times10^4$ t/a。①

总体而言，那个时代虽然已开始使用润滑油，但因规模小、成本较高及严厉的节约措施，未出现二次污染问题。当时的主管部门商业部对我国的废机油回收率曾有过不完全的统计，显示废机油回收率逐年上升（见表4.1）。

**表4.1　　1970～1979年我国废机油回收率**

| 年份 | 回收率（%） |
|---|---|
| 1970 | 5.8 |
| 1971 | 5.3 |

① 谷庆宝、王禹、高丰、李发生：“废润滑油再生利用的现状与面临的问题”，《中国资源综合利用》，2003年第7期。

续表

| 年份 | 回收率（%） |
| --- | --- |
| 1972 | 6.9 |
| 1973 | 8.2 |
| 1974 | 10.6 |
| 1975 | 10.0 |
| 1976 | 10.2 |
| 1977 | 12.6 |
| 1978 | 12.5 |
| 1979 | 14.5 |

资料来源：安军信、周惠娟、王会东："我国废润滑油再生行业的现状及发展前景"，《精细与专用化学品》，2010 年第 1 期。

## 4.2　废机油再生利用滑坡混乱时期（20 世纪 80 年代初至 90 年代末）

改革开放初期的 1981 年，当时的国家经济委员会、国家计划委员会、商业部、国家能源委员会以商燃联字［1981］第 14 号发布了《关于废润滑油回收再生的暂行规定》（简称《暂行规定》）：

"严格执行润滑油交旧供新的制度。各用油单位的废机油，都应交售给当地石油经营部门或指定的收购点，凭交售废机油的证明供应新油。严禁自行买卖废机油或烧、倒废机油。

中央直供单位，也必须将废机油交售给当地石油经营部门，不得自行出售或挪作它用。"

同时，也对各种机具、车辆、设备用润滑油的回收比例规定如下：

“内燃机油　15%

机械油、液压油　30%

压缩机油、冷冻机油　50%

车轴油　40%

汽轮机油　60%

变压器油　80%

其他润滑油　15%

农业（农、林、牧、副、渔业）用油　10%

洗涤汽油　30%

洗涤煤油、柴油　50%

各地下达润滑油分配计划时，要按季（年）下达回收指标。对未完成回收计划的用油单位，其未完成部分的油品，必要时石油经营部门可采取停、减、缓供措施。”

同时，《暂行规定》也提出了具体监管措施：

“各省、市、自治区经委和商业厅（局）会同环境保护、工商行政、公安消防部门，按上述条件对废机油再生厂进行检查审定，合格单位发给《废机油再生许可证》，没有许可证的单位，不得从事废机油再生。各厂矿企业废机油再生车间也要根据上述条件进行整顿，经过批准，发给《废机油自行再生许可证》才能进行废机油再生。”

此外，《暂行规定》对于废机油回收价格也有规定：

“认真实行按质论价。回收废机油不得压级压价，防止掺杂掺假，废机油回收价格，一般应以同类代表品种当地批发价的百分之二十五到百分之三十计算（停泊在我国的外国轮船不执行本条规定）。

专业润滑油再生厂的产品，石油经营部门可按当地同品种一级站调拨价收购。不符合国家规定标准的产品不能出厂，不能收购，也不得自行销售。”

《暂行规定》对当时刚刚实行改革开放、尚处计划经济时代的中国废机油再生利用，起到了积极的促进作用，带有明显的计划经济时代特征。此后，针对废机油市场发展的措施此后一段时期内再未出台。

1983年后，随着改革开放进程推进，原有废机油再生利用体系解体，废机油回收再生从生产到管理都出现滑坡，原来主要的200多个定点再生厂，平均开工率仅为30%左右。而且，规模偏小，工艺落后，平均规模不高于3000t/a，全国废机油回收率只有6%左右。[①] 并且，国内大部分大型厂矿都可以自办废机油再生车间，从而增加了许多小的集体及个体所有制废机油再生企业，特别是个人随意开办的低端废机油再生企业“遍地开花”，一部分废机油被非定点单位所争购，简易处理获得劣质油品，在社会上流通。据了解，很多再生企业并没有炼制废机油的设备和技术，甚至没有“三废”处理设施，火灾隐患大，再生油品质量无法保证，而且资源浪费严重，二次污染扩大。由于废机油资源有限，各厂家互相争购，使废机油价格不断上升，再加上运费、加工费等，废机油再生利用成本大幅度增加，以致于已有正规骨干企业收不到预计数量的废机油，从而纷纷转向润滑油调合经营，而把废机油再生利用当作“副业”。因此到了90年代，专业再生利用企业的处理能力大大降低，而且部分企业不再生或简易再生，更多的是将废机油用作低档油、脱模式油、燃油销售使用。

这一阶段，我国在20世纪80年代后期开发了两种再炼制工艺。一种是蒸馏—萃取—白土工艺，萃取使用乙醇为溶剂；另一种

① 安军信、周惠娟、王会东：“我国废润滑油再生行业的现状及发展前景”，《精细与专用化学品》，2010年第1期。

是高温白土工艺，是将蒸馏与白土处理合并在同一工序中。

90 年代后，废机油再生利用企业分散化倾向还在继续，专业再生利用企业大部分为百吨级，千吨级很少。当时国内规划最大的上海润滑油厂处理规模也只有 6000 吨。而许多个体、乡镇所有的再生企业大多为每年数十吨的处理量。不过，当时我国已逐渐开始采用润滑油加氢处理技术，建成投产的有大庆炼化公司炼油厂高黏度指数基础油的加氢异构脱蜡装置与兰州石化公司炼油厂很高黏度指数（VHVI）基础油的加氢处理装置等。

其时，由于管理混乱，废机油大部分流向非法小型私营废机油处理企业，这类企业通常废机油来源不稳定，生产技术、设备都比较落后，废机油再生利用率很低。

90 年代末，我国还开发了一种薄膜蒸馏—糠醛精制—白土工艺。薄膜蒸馏比一般减压蒸馏能更多的拔出基础油馏分，糠醛也比乙醇有更好的抽提效果，相对基础油回收率较高。但由于建设投资大，洛阳石油化工工程公司与上海润滑油厂共同开发后，也很少有工业应用。

## 4.3 废机油再生利用再度被重视时期（20 世纪 90 年代末至今）

21 世纪以来，随着工业的发展和汽车、船舶、机械等大规模使用，中国润滑油表观消费量已接近全世界的 1/4，与此相伴生的是废机油数量也逐年增大。特别是随着国民经济高速发展及节能减排的压力，国家对废机油再生利用越来越重视，并采取了一系列措施。

### 4.3.1 颁布首个废机油再生利用标准

1997 年 12 月 12 日，国家质量技术监督局发布，并在 1998 年

7月1日实施了《废润滑油回收与再生利用技术导则（GB/T 17145—1997）》（简称《技术导则》）。这是我国废机油再生利用的第一个国家标准，对废润滑油的定义、分级、回收与管理、再生利用进行了详细规定，是国内废润滑油再生利用的指导性文件。它填补了我国废机油再生利用工作中无标准可依的空白。本标准由全国能源基础与管理标准化技术委员会提出，由中国标准化与信息分类编码研究所按照GB/T 1.1—1993的要求起草。

与《暂行规定》相比，《技术导则》对废机油的分类范围明显缩小：

"回收利用的废机油包括：

a）废内燃机油；

b）废齿轮油；

c）废液压油；

d）废专用油（包括废变压器油1）、废压缩机油、废汽轮机油、废热处理油等）。"

同时，《技术导则》也对各种废机油的等级进行了详细的划分（见表4.2），显示当时的技术手段已在废机油回收特别是再生利用中开始发挥作用。

**表4.2　废机油等级划分**

| 类别 | 检测项目 | 一级 | 二级 | 试验方法 |
|---|---|---|---|---|
| 废内燃机油 | 外观 | 油质均匀，色棕黄，手捻稠滑无微粒感，无明水、异物。 | 油质均匀，色黑，手捻稠滑无微粒感，无刺激性异味，无明水、异物。 | 感观测试 |

续表

| 类别 | 检测项目 | 一级 | 二级 | 试验方法 |
|---|---|---|---|---|
| 废内燃机油 | 滤纸斑点试验（α值）① | 扩散环呈浅灰色，油环透明到浅黄色。<br>1≤α值≤1.5 | 扩散环呈灰黑色，油环呈黄色至黄褐色。<br>2≤α值≤3.5 | GB/T 8030 滤纸斑点试验法。 |
| | 比较粘度试验温度40℃ | 试样中钢球落下的速度慢于下限参比油，快于上限参比油。<br>下限参比油 υ100℃ =18（mm）2/s<br>上限参比油 υ100℃ =8（mm）2/s | 试样中钢球落下的速度快于下限参比油，慢于上限参比油。<br>下限参比油 υ100℃ =18（mm）2/s<br>上限参比油 υ100℃ =8（mm）2/s | GB/T 8030 采用滚动落球比较粘度计。 |
| | 闪点（开口）<br>（闭口） | ≥120<br>>70 | ≥80<br>>50 | GB/T 3536<br>GB/T 261 |
| | 蒸后损失（%）② | ≤3 | ≤5 | |
| 废齿轮油 | 外观 | 油质黏稠均匀，色棕黑，手捻无微粒感，无明水、异物。 | 油质黏稠均匀，色黑，手捻有微粒感，无明水、异物。 | 感观测试 |
| | 比较黏度试验温度40℃ | 试样中钢球落下的速度慢于下限参比油，快于上限参比油。<br>下限参比油 υ100℃ =5（mm）2/s<br>上限参比油 υ100℃ =25（mm）2/s | 试样中钢球落下的速度快于下限参比油，慢于上限参比油。<br>下限参比油 υ100℃ =5（mm）2/s<br>上限参比油 υ100℃ =25（mm）2/s | GB/T 8030 采用滚动落球比较黏度计。 |
| | 蒸后损失（%）② | ≤3 | ≤5 | |

续表

| 类别 | 检测项目 | 一级 | 二级 | 试验方法 |
|---|---|---|---|---|
| 废液压油 | 外观 | 油质均匀，色黄稍混浊，手捻无微粒感，无明水、异物。 | 油质均匀，色棕黄，混浊，手捻无微粒感，无异物。 | 感观测试 |
| | 比较黏度<br>试验温度 30℃ | 试样中钢球落下的速度慢于下限参比油，快于上限参比油。<br>下限参比油 υ100℃ =10（mm）2/s<br>上限参比油 υ100℃ =50（mm）2/s | 试样中钢球落下的速度快于下限参比油，慢于上限参比油。<br>下限参比油 υ100℃ =10（mm）2/s<br>上限参比油 υ100℃ =50（mm）2/s | GB/T 8030 采用滚动落球比较黏度计。 |
| | 蒸后损失（%）② | ≤3 | ≤5 | |

注释：①斑点试验 α 值为油环直径 D 与扩散环直径 d 的比值，即 D/d。当油环颜色明显加深呈褐色、α 值也明显增大时，说明混有较多重柴油和齿轮油，立列为废混杂油。

②蒸后损失（%）是废机油经室温静置 24h，除去容器底部明水以后的油为试油进行测定的。测定方法是取试油 1L，充分搅动后取 100g（准确至 ±0.01g）盛在干燥清洁的 200mL 烧杯中，用控温电炉缓缓加热并搅拌，控制油温缓慢升至 160℃，待油面由沸腾状逐渐转为平静为止。此时，试油所减少的重量（克数）与充分搅动后量取重量的比，即为该油的蒸后损失（%）。因蒸出物中含有轻质可燃组分，测定时应注意防火安全。

此外，《技术导则》也对废机油的再生利用作了详细说明：

“7.1　废机油再生厂必须具备的条件：

合理的再生设备和生产工艺流程。

专职技术人员和规定的化验评定手段。

再生油的质量，应符合国家油品标准规定的各项理化性能和使用性能要求，再生后作为内燃机油使用的还应通过发动机（台架）试验评定。

具有符合要求的三废治理设施和安全消防设施。对生产过程中排放的废气废水废渣的处理要符合 GB 16297、GB 8978 及其他相应环保要求。严禁对环境的二次污染。

具备上述条件的废机油再生厂，须经技术监督及环境保护部门审定，“合格”才可对废机油进行再生加工生产，不“合格”的不得从事废机油再生加工生产。

废机油再生厂所产生废渣废液的处理。

废机油再生厂在生产过程中所产生的废渣、废液等，应进行综合利用，不能综合利用的应按环保部门规定妥善处理，达标排放。”

“7.2　再生油的利用

国家鼓励废机油的回收、再生和使用再生油，并制定优惠政策。

凡废机油再生厂生产出来各种符合国家标准的再生油品，石油产品经销部门可按质论价进行收购，供应市场，凡不符合国家标准要求的再生油品，石油经销部门不予收购。

对生产销售劣质石油产品的再生厂和石油产品经销部门，技术监督等执法部门要依照国家法律严肃查处。

企业中自收、自炼、自用的废机油再生车间所生产的产品应在本企业内使用，如对外销售其产品质量应符合本标准的要求。”

与 1981 年的《关于废润滑油回收再生的暂行规定》相比，《技术导则》有了明显的进步。当时对废机油的回收规定是：

“各省、市、自治区要根据润滑油哪里供应，哪里回收，统一管理，集中加工的原则，对现有的废润滑油再生厂进行整顿。重复建厂和不具备条件的要适当关停并转。一般可按润滑油年销售量一万吨以上或废机油年回收量一千吨以上设置一个专业再生厂为宜。废机油再生厂必须符合以下条件：

1. 有合理的工艺流程和再生设备；

2. 有专职的技术人员和规定的化验评定手段；

3. 废机油再生后能恢复原来品种，质量符合国家规定标准；

4. 具有符合要求的三废治理设施和安全消防设施。”

两者相比，《技术导则》技术手段明显得到运用，且具有明显的市场经济特征，而《暂行规定》恰恰相反。

4.3.2 陆续出台一系列废机油再生利用法律、政策和标准

2001 年 12 月 17 日国家环保总局发布《危险废物污染防治技术政策》，规定：

将废机油列为特殊危险废物，“鼓励建立废矿物油收集体系，禁止将废矿物油任意抛洒，掩埋或倒入下水道以及用作建筑脱模油，鼓励采用无酸废润滑油再生技术，对废润滑油进行回收利用，鼓励重点城市建设区域性的废矿物油回收设施，为所在区域的废矿物油产生者提供服务。”该《政策》明确提出：“废矿物油的管理应遵循《废润滑油回收与再生利用技术导则（GB/T17145 - 1997)》等有关规定。”

2004 年 12 月 29 日重新修订的《中华人民共和国固体废物污染环境防治法》（简称《固废法》）将废润滑油列入其中。《固废法》第三条明确指出，“国家固体废物污染环境的防治，实行减少固体废物的产生量和危害性，充分合理利用固体废物和无害化处置固体废物的原则，促进清洁生产和循环经济发展。”

为贯彻《中华人民共和国环境保护法》、《中华人民共和国固体废物污染环境防治法》等法律，规范废矿物油再生利用、处置行为，防止废矿物油对环境的污染，保障人体健康，国家环境保护部2011年2月16日颁布了《废矿物油回收利用污染控制技术规范》（简称《技术规范》），当年7月1日施行。

本《技术规范》规定了废矿物油收集、运输、贮存、利用和处置过程中的污染控制技术及环境管理要求。本《技术规范》适用于废矿物油收集、贮存、运输、利用和处置过程的污染控制，可用于指导废矿物油经营单位建厂选址、工程建设以及建成后工程运营的污染控制工作。

如对废矿物油的收集规定：

*“废矿物油收集容器应完好无损，没有腐蚀、污染、损毁或其他能导致其使用效能减弱的缺陷。*

*废矿物油收集过程产生的废旧容器应到按照危险废物进行处置，仍可转作他用的，应经过消除污染处理。*

*废矿物油应在产生源收集，不宜在产生源收集的应设置专用设施集中收集。*

*废矿物油收集过程产生的含油棉、含油毡等含废矿物油废物应一并收集。”*

可见此《技术规范》侧重从环保的角度来控制废机油的污染。

2010年以来，我国政府更加重视节能减排和环境保护工作，并对废机油再生项目陆续出台一系列相关政策，应该说对废机油再生行业起到很大的推动作用。

《“十二五”危险废物污染防治规划》提出，大力推进包括废矿物油、实验室废物、废弃荧光灯等在内的非工业源危险废物的利用处置。

《环保装备“十二五”发展规划》提出，要大力发展废机油再生基础油成套设备。

《固体废物污染环境防治法》规定，将危险废物混入非危险废物中贮存的，未经安全性处置，混合收集、贮存、运输、处置具有不相容性质的危险废物的，未采取相应防范措施，造成危险废物扬散、流失、渗漏或者造成其他环境污染的，处一万元以上十万元以下的罚款。将危险废物提供或者委托给无经营许可证的单位从事经营活动的，处二万元以上二十万元以下的罚款。

征收消费税已经成为废机油再生利用企业成本提升的重要因素，给企业造成较重的负担，但经过中国物资再生协会再生油专委会不懈努力及工信部、财政部、国家发改委、国家税务总局、环保部等部委的工作，2013 年末财政部出台了《关于对废矿物油再生油品免征消费税的通知》，通知规定了“自 2013 年 11 月 1 日至 2018 年 10 月 31 日，对以回收的废矿物油为原料生产的润滑油基础油、汽油、柴油等工业油料免征消费税”，“自 2013 年 11 月 1 日至通知下发前，纳税人已经缴纳的消费税，符合本通知免税规定的予以退还”。这一政策减轻了企业的负担，促进了企业发展的积极性，将会极大的促进行业朝着健康的良性方向发展。

国家采取有利于固体废物综合利用的经济、技术政策的措施，对固体废物实行充分回收和合理利用，有效促进固体废物污染环境防治产业的发展。这些法律法规的颁布和实行，表明国家对废机油的产生、处置、再生利用及污染环境的防治工作越来越重视，也为废机油再生产业的发展提供了可靠的法律保障。

### 4.3.3 地方政府严格监管、行业协会积极作为

在国家的号召下，一些地方积极行动起来。例如江苏，通过财税政策支持引导，废机油产生单位大多把废机油无偿供给废机油处

置厂家，使废机油有序流入有证企业，形成一种良性循环，废机油再生利用形势向好。广东是废机油产生大省，地处南方沿海，车船都比较多，而且国外部分废机油也有流入，为发展废机油再生利用产业提供了较充足的原料。山东近年发展很快，还出现一批废机油再生利用设备制造厂家。

从2009年至今，中国物资再生协会再生油专委会已经召开十多次会议，围绕如何贯彻落实国务院印发的《循环经济战略及近期行动计划》和国家发改委印发的《“十二五”资源综合利用指导意见》，如何促进生态环境保护和再生资源循环利用，如何进一步建立规范的回收利用市场管理体系、加强国内外技术交流合作、促进再生油行业健康发展等进行组织研讨，为行业发展建言献策。

目前，我国从事废机油再生利用业务必须取得危险废物经营许可证。国内从事废机油再生利用的企业很多，大多以HW08废矿物油的收集、贮存、综合利用为主，纯粹以废润滑油再生利用的较少。

客观来讲，我国废机油市场比以前有了很大的完善。当然，目前全国的废机油市场管理还比较混乱，废机油的收集、贮存和再生处理等仍然处于无序状态，并且再生工艺落后、产品质量差、二次污染严重的状况始终没有得到改善，导致经济效益不高，废机油回收率低，整个再生行业面临困境。目前产废企业有大有小，产废数量有多有少，产废较多的大企业还能稍加管理，产废量小的企业，基本随意排放，不仅造成资源浪费，而且严重污染环境。即使能够管起来的较大企业，基本上把质量较好的废机油以高价卖给了个体商贩或无证处置企业。所谓的招标，也是走形式走过场，把有证企业当作陪衬，实际却是把质量差的废机油卖给了有证企业，目的是取得对他们有利的废机油转移联单。

还有的企业和汽车修理厂或4S店，把废机油专门卖给非法的“油贩子”。因为他们投资少，偷税漏税，大大降低了生产成本，卖废机油就会取得高额利润。

未来，中国废机油再生利用仍需从体制、机制层面、产业发展政策层面加以扶持，如此才能真正实现规模化生产和资源化利用。

## 4.4 简单述评

从以上划分的三个阶段可见，针对废机油的发展重点不同，出台的政策文件也有所不同；发布部门不同，侧重点不同。

国家经济委员会、国家发展计划委员会、商业部、国家能源委员会联合发布的《关于废润滑油回收再生的暂行规定》，侧重从宏观层面管理废机油的回收。国家技术监督局发布的《废润滑油再生利用技术导则（GB/T 17145－1997）》，侧重从技术标准方面来管理废机油的回收和利用。环境保护总局发布的《废矿物油回收利用污染控制技术规范》，侧重从环保方面来管理废机油的再生利用。

三个发展阶段尽管有所区别，但总体上反映了国家对废机油这一问题随时代演变而产生的不同认识，并积极进行管理，尽管这种管理目前仍存在很多漏洞。

从三大政策文件来看，实质上，并未对废机油再生利用行业进行明确定位。除这三大政策文件以外，对废机油的约束性文件也包含在国家近年陆续出台的一些政策措施中（见表4.3）。其不足之处依然是重点不突出、约束效力不足，监管能效差，不利于废机油再生利用行业的发展。目前对于废机油再生利用行业仅仅从环境保护和废物处理的角度进行管理，并未将废机油作为一种资源进行行业管理，也缺乏对废机油再生利用行业明确的产业政策和相应的政策扶持。

目前针对废机油的政策文件很不完善，发展的紧迫性已对此问题的解决提出更为严峻的挑战，期待能有更具指导性的政策文件出台。

**表 4.3　　近些年出台的一些与废机油相关的政策措施**

| 文件名称 | 施行时间 | 主要内容 |
| --- | --- | --- |
| 《废润滑油回收与再生利用技术导则（GB/T 17145－1997）》 | 1998 年 7 月 1 日 | 对废润滑油的定义、分级、回收与管理、再生与利用进行了详细的规定，是目前国内废润滑油再生利用的指导性文件。 |
| 《危险废物污染防治技术政策》 | 2001 年 12 月 17 日 | 鼓励建立废矿物油收集体系，禁止将废矿物油任意抛洒、掩埋或倒入下水道以及用作建筑脱模油，禁止继续使用硫酸/白土法再生废矿物油。<br>废矿物油的管理应遵循《废润滑油再生利用技术导则》等有关规定，鼓励采用无酸废机油再生技术，采用新的油水分离设施或活性酶对废机油进行回收利用，鼓励重点城市建设区域性的废矿物油回收设施，为所在区域的废矿物油产生者提供服务。 |
| 《国家环境保护总局关于“废机油”是否属于“固体废物”的复函》 | 2002 年 4 月 30 日 | 对“废机油”依法应当认定为固体废物。 |

续表

| 文件名称 | 施行时间 | 主要内容 |
| --- | --- | --- |
| 《危险废物焚烧污染控制标准》(GB18484—2001) | 2003年1月1日 | 本标准从危险废物处理过程中环境污染防治的需要出发，规定了危险废物焚烧设施场所的选址原则、焚烧基本技术性能指标、焚烧排放大气污染物的最高允许排放限值、焚烧残余物的处置原则和相应的环境监测等。 |
| 《危险废物经营许可证管理办法》 | 2004年7月1日 | 领取危险废物经营许可证。 |
| 《中华人民共和国固体废物污染环境防治法》 | 1996年4月1日(后经多次修订) | 从事收集、贮存、处置危险废物经营活动的单位，必须向县级以上人民政府环境保护行政主管部门申请领取经营许可证；禁止无经营许可证或者不按照经营许可证规定从事危险废物收集、贮存、利用、处置的经营活动。<br>禁止将危险废物提供或者委托给无经营许可证的单位从事收集、贮存、利用、处置的经营活动。 |
| 《固体废物鉴别导则》(试行) | 2006年4月1日 | 加强固体废物的环境管理，发布固体废物鉴别导则。 |
| 《"十一五"资源综合利用指导意见》 | 2006年12月24日 | 建设若干废润滑油等再生资源加工利用产业化示范基地。 |

续表

| 文件名称 | 施行时间 | 主要内容 |
|---|---|---|
| 《再生资源回收管理办法》 | 2007年5月1日 | 从事再生资源回收经营活动，必须符合工商行政管理登记条件，领取营业执照后，方可从事经营活动应当遵守相关国家污染防治标准，技术政策和技术规范。应当遵守旧货流通的有关规定。再生资源回收可以采取上门回收、流动回收、固定地点回收等方式。 |
| 《国家危险废物名录》 | 2008年8月1日 | 根据国家危险废物名录，废润滑油被明确列入第8类，属于HW08废矿物油。 |
| 《资源综合利用企业所得税优惠目录(2008年版)》 | 2008年1月1日 | 根据《资源综合利用企业所得税优惠目录(2008年版)》，废润滑油属于第2类，即废水（液）、废气、废渣和第7种，即废生物质油和废弃润滑油。 |
| 《关于再生资源增值税政策的通知》财税（2008）157号 | 2009年1月1日 | 取消“废旧物资回收经营单位销售其收购的废旧物资免征增值税”和“生产企业增值税一般纳税人购入废旧物资回收经营单位销售的废旧物资，可按废旧物资回收经营单位开具的由税务机关监制的普通发票上注明的金额，按10%计算抵扣进项税额”的政策。 |
| 《再生资源综合利用先进适用技术目录》 | 2012年12月28日 | 以回收的废矿物油为原料，采用高温蒸馏为主的净化工艺，从废矿物油中去除杂质，回收不同用途的再生油品。工艺流程：蒸馏→分馏→冷却→沉降分离。 |

资料来源：作者根据相关资料整理。

# 第5章　我国危废润滑油再生利用市场运行状况及问题

我国对于危废润滑油再生利用行业初步建立了一套管理制度，尤其近几年出台了一系列法律、法规及政策，取得了一定成效。但是，仍有很多不尽如人意之处。认真分析和解决这些问题，是促使相关法律法规政策进一步完善的基础。据此，第5章到第8章，从危废润滑油市场运行机制、行业监管体系、监管标准现状以及危废润滑油的资源属性等方面加以分析。

## 5.1　废机油再生利用市场运行存在不可忽视的问题

近年来，我国政府和相关企业对废机油再生利用重视程度不断提高。但是，存在的问题仍不可忽视。

### 5.1.1　目前全国废机油市场管理还比较混乱

当前我国废机油的收集、储存和处理加工等仍然处于无序状态，国内市场相对混乱。大部分废机油都被没有经营资质的个体经营者，以高价回收从事土法炼制裂解非标燃料油。这些废机油再生利用企业工艺技术落后，造成资源浪费，并对环境造成严重污染。根据相关法律法规规定，产生危险废物的单位须按规定将危险废物进行集中处理，安排专人负责危险废物的收集和管理工作。危险废物必须交由具备相应资质的单位进行收集、运输和处置。现实情况是大部分废机油产废单位不能认真遵守国家对危险废物处置的相关规定要求，谁出价高就卖给谁，造成合法经营的利废企业由于生产成本高而无力竞争，以至企业经营困难。

### 5.1.2 废机油大都被“黑炼厂”和“黑窝点”收集

目前虽然国内个别大型国有企业建有自己的废机油回收处理厂，但绝大部分废机油仍然流向了非法小型私营废机油处理企业。这类企业通常生产技术、设备和管理都很落后，炼制点主要集中在城市周边，有的隐蔽在山区。他们多用大锅、大桶或废机油槽车并在废机油中加入白土、硫酸等然后架起木柴煮熬。因此产生大量废气、硫化物及酸渣等，严重污染着大气、土壤、水源、危及环境和人们的正常生活，有的甚至发生爆炸等重大事故。黑炼厂和黑窝点的存在，截留了废机油回收再生利用的正当渠道。

**专栏 5.1　4S 店的废机油都去哪儿了?**

按大气“国十条”要求，北京环境监察总队执法人员对一家位于房山的奇瑞汽车销售 4S 店进行危险废弃物检查时发现了大问题。

按《固废法》，汽修企业产生的废机油应交给有资质的处理单位处理，但这家企业虽从 2006 年创办起就和有资质的处理单位签订了转让合同，但 7 年来从未转让过一次废机油。

据调查，正规的废弃物处理持证单位收购废机油每桶只能给企业500～600元，但不正规的企业回收则一桶给4S店800～1200元。

利益驱使企业将废弃机油卖给游商，该企业也对事实认定没有异议。

据统计，该4S店每年保养的汽车约2500辆车，按每辆车产生2.2升废机油计算，这家企业仅2012年一年就产生4.8吨废机油，相当于25桶机油。（《北京晚报》2012年6月8日）

### 5.1.3 一些城市郊区形成废机油地下回收市场

大城市是废机油工业源和社会源的产地。比如汽车保有量越高，产生的废机油也越多；同时工业机械所产生的废机油数量也相当可观。基于此，除正规有资质的企业外，在一些大城市周边郊区聚集了部分废机油非法回收商、处理者、销售者等等，形成了地下产业链条。合法的废机油再生利用企业无法发挥对行业的引领作用，非法的处理企业则呈现出群聚效应。同时，在这些市场里，废机油不仅随意排放，地下中转，加工过程中也是损害环境、隐患环生。“特殊危险”的废机油，不具备专业防护措施的收运（尤其是私人个体回收），污染着途经水域的土壤；地下加工中废机油的堆放及残余物丢弃、气体排放，污染着土壤大气，威胁着操作人员的健康甚至生命。

### 5.1.4 市场存在“劣币驱逐良币”现象

近年来国内一些大公司投资用废机油裂解柴油项目，在二次污染控制、清洁生产等方面做得较好，但由于没有国家政策扶持，结果在与非法经营者争购原料斗争中败下阵来。原因在于，一般大公司设备日生产能力相对较大，收购量不足，无法开工，导致产能闲置；为了有足够的原料保证生产正常运行，则必须提高收购价格。大公司运作成本高，各种管理成本比非法土炼油小作坊高出好多倍，再提高收购废机油价格，结果是收得多亏得多。换言之，在非法土炼油大量存在情况下，大公司大量废机油炼制的生产经营活动，很难有生存的余地（见表5.1）。

表 5.1　　废机油非法收集与正规收集的对比

| 项目 | 非法收集 | 正规收集 |
| --- | --- | --- |
| 资质 | 三证全无，大多位于城市郊区边，选址极不合理。 | 1. 具备工商营业执照、税务登记证。2. 通过了环保部门对储存场地设备设施进行的环评检测鉴定。3. 持有环保部门颁发的《危险废物经营许可证》。 |
| 收集 | 收集工具、容器不规范，有的用塑料桶，有的用敞开的铁桶，没有危险废物识别标志，容易造成泄漏，造成二次污染，严重污染环境与影响市容。 | 具备符合国家安全要求和印有环保标志的收集等用车辆。 |
| 贮存 | 没有专门仓库，收集人员将废机油收集后一般用油桶贮存，存放地点不固定，有的存放在院内；有的存放在居民区；有的存放在农贸市场仓库，甚至露天存放。这样做的直接后果是容易造成废机油外泄，给周围环境和水源造成二次污染，同时由于没有专用贮存设备，存在重大安全隐患，给人们生命财产造成重大威胁。 | 1. 具备符合国家或者地方环境保护标准中转和临时存放的设施、设备，有保证危险废物经营安全的规章制度、污染防治措施和事故应急救援措施。2. 具备印有贮存废矿物油“环保专用”油桶或环保专用储油罐。 |

续表

| 项目 | 非法收集 | 正规收集 |
| --- | --- | --- |
| 运输 | 运输不规范，运输工具五花八门，有摩托车、人力单车、机动三轮敞蓬车，无任何环保标志，不符合危险废物运输的法规要求，也存在着交通消防方面的安全隐患。 | 具备防雨、防渗的专业运输车辆。 |
| 从业人员 | 未经专业培训和考核，文化素质低，法制观念淡薄。 | 1. 合法公司的聘用人员；2. 通过废矿物油行业协会的从业技术岗位培训，有从业资格证；3. 有着合法公司统一的工作服装，持证上岗。 |
| 废机油处置 | 卖给非法处置企业（地下炼油厂），地下炼油厂将处置后的燃料油当成品柴油卖给加油站，作为机动车动力油，给车辆运行造成极大的安全隐患。 | 与合法处置单位签订长期委托处置合同书，并保证在贮存90个工作日内交处置单位。 |

资料来源：安军信等："我国废润滑油再生行业的现状及发展前景"，《精细与专用化学品》，2010年第1期。

## 专栏5.2 小案例：正规企业收不上油

按"生态岛"的消化能力，一年可以达到1万吨的处理量。但现实情况是，2010年公司的实际处理量仅为1000多吨，"吃不饱"是企业面临的最大问题。目前，上海市获得危险废物经营许可证、可以从事废机油回收的企业，仅有"生态岛"等4家公司；而具备废机油处置能力的企业只有"生态岛"公司等3家企业。去年，这3家公司的废机油回收量还不足6000吨，不到上海市废机油总量的10%，其实这三家企业的处置能力近2万吨。

“整套设备运行起来，全是钱。水、电、人员等一切开支都得算上，现在的设备不能天天开，得等到把油收上来，‘攒’到一定数量再开生产线。没有‘料’，再好的设备现在也成摆设，现在的生产设备，一个月也就能运营工作20多天。”生态岛公司废机油处置项目负责人说，在剩下的10多天，设备只能处于闲置状态。

“我们收不上来油，是因为都让那些‘油贩子’给倒腾走了。”生态岛公司市场部负责人表示，项目处理的废弃机油主要来自于全城的4S店，这同样也是“油贩子”们眼中的“肥肉”。

为了能拿下这个市场，生态岛公司曾经“咬着牙”把收购价格提高到每桶（170公斤）500元，但市场部的人下去收油，碰到的是“油贩子”更具竞争力的价格——每桶1000元！记者专程走访了数家汽车维修点，多数维修点老板不约而同地表示，“一样的废弃机油，一个给500元，一个给1000元，你说我愿意卖给谁？”

目前，生态岛公司现在废弃机油的回收成本是3600元一吨，按照能提炼出700公斤润滑油计算，平均成本就是5142元一吨，机器折旧费用、人员成本和运行成本是每吨1500元，产品出售后，每吨还要缴纳1000元的增值税和1000元的消费税。综合算来，每产出一吨润滑油基础油，企业付出的直接成本已经接近8800元。目前，市面上销售的润滑油的价格为9000元/吨。从这个意义上说，生态岛公司今年在“废弃机油”项目上的营收目标定为“不亏本”，确实是一个无奈的决定。（《京华时报》2012年5月28日）

### 5.1.5　散户收集废机油的合法性问题

按目前政策要求，正规废机油再生利用企业要想取得国家税收优惠，必须出具废机油转移联单。目前而言，企业面对散户的油，无法出具废机油转移联单，收则违法，不收则无法经营，且收了散户的废机油无法享受国家的税收优惠政策。

### 5.1.6　跨省办理转移联单时间过长

目前，虽然《关于对废矿物油再生油品免征消费税的通知》已经出台，但是非法商贩的收购行为及现有联单制度的复杂及不便利性，依然阻碍着正规企业对废机油再生利用，使政策并不能得到真正彻底的落实。表现在正规废机油再生利用企业在跨省区收购、运输废机油时，跨省办理转移联单程序过于复杂繁琐，时间过长，不利于企业的发展。

## 5.2　产业发展方面的问题

### 5.2.1　废机油再生利用行业定位不明确

20 世纪 70 年代，我国政府曾对废机油的回收、加工、利用出台过一系列法律法规，实行严格的“交旧供新”制度，即用油单位更换下的全部废机油均交售给当地石油经营部门或指定的收购点，凭交售废机油的证明供应新油。这一制度在当时促进了废机油再生行业的发展。改革开放后，润滑油市场逐步放开，行业分散化趋势明显。现有的宏观经济政策对这类企业的发展刺激不够，在扶持与鼓励废机油回收处理及再生利用等方面的产业政策几乎缺失，市场机制与产业不能有效衔接。政府对于废机油再生行业的管理以打击非法处理者为主，尚未将废机油作为一种资源或产业进行管理，导致废机油回收再生行业难以做强做大。

**专栏5.3　废机油“新生”后利润惊人**

据生态岛公司废机油处置项目负责人介绍，别人眼中一团混沌的废机油在他看来却是“一块大肥肉”，“废机油里面有轻、中、重三种组分，通过回收和提纯再加工，其中的5%～8%可变成轻质燃料油，能用于农用机械或锅炉燃料；70%～75%可被提炼为润滑油基础油；10%～15%的重质沥青，可以做成铺路沥青或防水材料，剩余的残渣进入公司的专业焚烧炉进行焚烧处置。”生态岛公司现有的废机油处置设备全是一条龙流水作业，回收利用率很高，只需要将废弃机油倒进入料口，处置设备就会按原料组分的分子量大小自动加工——通过分子蒸馏等手段，分子量大小不同的组分会“流向”轻、中、重三个出口，得到轻质燃料油、基础油和重质沥青三种产品。

市面上销售的润滑油基础油的价格为9000元/吨，可见利润很惊人。（《京华时报》2012年5月28日）

### 5.2.2　产业集中度偏低

我国废机油每年产量很大，但目前废机油再生利用行业规模较小，产业结构不合理，集聚发展不够，缺乏一批拥有自主知识产权和核心竞争力、市场份额大、系统处理废机油的大企业集团。目前国内上十万吨、百万吨的企业不多，有资质的正规企业比较分散，生产社会化协作尚未形成。

### 5.2.3　技术工艺水平落后

目前，废机油再生利用的技术保障薄弱，产学研合作松散，无法形成稳定持续的科技创新合力和产业化能力，共性关键技术有待突破。由于缺少技术支撑，废机油无害化处置与资源化利用企业显得后劲不足，大量废机油处置方式相对单一，制约了废机油再生利用向规模化、产业化方向发展。此外，部分科研机构对废机油再生利用科技成果产业化应用重视不够，一些企业的研发力量相对薄弱、技术开发投入不足，主要技术依赖国外进口，这也限制了我国废机油再生利用行业发展。

### 5.2.4　专业人员比较缺乏

产业发展的核心是人才，由于废机油市场混乱，各类企业各行其是，导致中国废机油再生利用专业人员比较少，既缺乏懂市场善管理的人员，更缺乏针对废机油再生利用的创新研发人才，使得中国废机油产业发展迟缓。

### 5.2.5　产业投资不足

废机油再生处理一次性投入成本高，资金回收周期长，并且财税方面的政策优惠与支持不到位，导致我国废机油再生产业长期以来都是以较低水平的生产方式和小规模生产为主，千吨级的专业再生厂较为少见。产业投资不足的同时也导致了工艺水平低下。目前国际上废机油再生工艺已经历了酸土法、无酸法并发展到目前的加氢法，但我国目前仍处于相对落后的技术状态，蒸馏—硫酸—白土精制工艺仍占主导地位。这一工艺在废机油再生过程中会形成酸渣、废白土和废水，既造成资源的浪费，还会导致对环境的二次污染，又进一步阻碍了废机油再生利用产业化进程。

总之，虽然当前我国废机油再生利用市场仍存在着诸多问题，但从发展的角度看，对于该行业的完善仍然有很多方面值得关注和期待。

（1）从宏观指导走向微观操作。我国对废机油再生市场一直都以宏观管理为主，随着国家重视程度的提高，特别是生态文明战略的提出，作为环境保护领域中的一个重要组成部分，关于废机油再生利用行业的相关产业组织政策会有推出，从而有助于废机油再生利用行业的规范化发展。

（2）从行政干预走向市场监管。伴随对环境保护和循环经济的高度重视，我国正经历经济与生态环境和谐发展的阶段。对于废机油再生利用行业而言，也将改变以往单一部门出台政策为主的局面，这将促使我国废机油再生利用行业的政策环境有约束性和执行性。

（3）各地方政策环境差异加大。在相关政策不断完善的趋势下，各地方政府也将相应加强对废机油再生市场的管理。但在不同地区，废机油再生市场的政策差异较大，这主要是缘于区域经济的差异性。东部沿海地区的经济发展较快，经济结构也得到了较大的调整，经济发展压力相对较小，可以投入更多的资金和精力用于废机油再生利用的环境保护。而西北部地区还需要依托于传统重工业的发展带动经济，一些对环境产生较大污染的行业和企业仍然存在。这种现象从另一个层面表明，这些地区对于废机油再生市场的政策监管将可能处于空白状态。这种局势将可能造成各地方对废机油再生市场政策的差异。

## 5.3 废机油市场管理混乱的原因

### 5.3.1 废机油再生利用法律法规体系不够完善

目前，《固废法》，宣传不到位，人们对废机油的环境危害性认识不足，缺乏有效的约束机制，使正常的废机油处理渠道不畅，规范的处理设施不能发挥应有作用，而被一些不具备废机油再生能力的非法窝点以可乘之机。

《固废法》、《废矿物油回收利用污染控制行为规范》由于缺乏配套的实施细则和监督管理办法，也没有明确相应的鼓励政策，加之治理意识不强、地方保护及废机油再生利用各环节的管理多头等因素，法律法规的执行力低下，废机油回收再生行业仍处于混乱无序的状态。近几年，各地废机油流入黑市被不法利用屡见报端。2011 年 11 月 21 日，《新京报》刊登名为《京城现翻新机油黑色链条仅 5% 废机油合法回收》的文章；2012 年 4 月 10 日，《法制日报》记者暗访哈尔滨废机油地下交易链，刊登《七成废机油翻新回流市场埋下重大隐患》等文章。

### 5.3.2 缺乏专门机构实施强有力的管理

目前，政府管理部门以环境保护为主要目的，管理以政策、法令和监察为主，没有针对危废润滑油再生利用行业设立专门管理机构，缺乏针对该行业发展的政策导向。一般对企业而言，可执行的政策应表现在税收优惠和切实有效的监管方面，但这两方面都仅仅局限在鼓励、建议等指导性层面，对于参与循环经济和环境保护的企业并没有给予较大的支持和保护。同时，从行业管理看，当前针对危废润滑油再生利用行业管理方面最主要的政府机构是环境保护部和质检总局，安全生产和交通部门是职责范围内的联带管理部门。虽然这些部门发布的政策在一定程度上对于国内废机油再生利用等方面的工作有一定的推动作用，但效果并不明显。一方面单一部门出台的政策，在执行过程中很难得到其他部门的大力支持和配合，削弱了政策影响力。另一方面，目前出台的相关政策本身影响力就弱，尤其是对企业行为的监管和鼓励能力较弱。同时，各部门管理职责和范围也各不相同，对废机油再生利用企业的管理较为独立，相互间缺少必要配合、沟通与协调。在这种情况下，有关部门往往是按照国家政策、法规对有资质的废机油再生利用企业进行相应的审核工作，没有将废机油再生利用作为一个独立的行业加以管理，很少能够整合资源给予废机油再生企业一定的支持。

同时，对于有资质的废机油处理企业而言，在正常经营过程中通常要受到多个部门的管理，需耗费大量精力协调和处理相关事宜，从而在政策与市场的夹缝中艰难地寻求生存机会。

### 5.3.3 缺乏规范的市场管理体系

目前，我国缺乏规范的废机油再生利用市场管理体系，导致废机油回收、处理、再生油重回市场等环节脱节。表现在废机油的回收和处理上，长期以来存在着主要通过个人和私营行为来进行再生利用的落后局面。这种传统的环境管理体系不利于废机油再生产业的发展。因为润滑油生产和经销商在将产品销售给用户后，基本不承担废机油的回收和处理责任，而这个责任目前主要由环境保护部门来完成。由于在废机油回收处置和再生利用过程中，可能造成严重的环境污染。因此，环境保护部门仅从废机油回收处理时的污染严重程度考虑，对这个行业实施的策略基本上是关、停、转，客观上也造成我国长期以来在废机油再生利用上的低效率现象。由于缺乏完善的废机油回收管理体制，废机油非法收购者受利益驱动，将所收购的废机油大量流入非法废机油再生企业中，导致正规废机油再生利用企业无足够的废机油来源，难以保证产业规模效益，进一步阻碍了废机油再生资源产业化的发展步伐。

### 5.3.4 政策的可操作性不强

目前，尽管政府相关部门出台了一些政策，比如，《废机油再生利用技术导则》、《危险废物污染防治技术政策》、《“十二五”资源综合利用指导意见》，但多为宏观指导性政策，在各项政策中，“鼓励”“建议”“推动”等指导性词汇出现次数较多，具体可操作的较少，尤其是对企业行为的财税激励及技术创新方面的金融帮助较弱，针对性、灵活性不强，废机油管理成为政策的边缘对象。这也造成我国危废机油再生利用市场发展虽然有一定的政策依据，但大量非法违规现象仍然存在。这不仅给行业发展带来较大的混乱，也对环境造成了长久污染。

### 5.3.5　政策效果不佳

财政部和国家税务总局于2008年12月10日颁发了财税［2008］157号文件，规定对再生资源征收增值税，然后给予先征后退的优惠政策。经过实践，至少对废机油再生企业不便执行：一是废机油收购占用资金大，一个季度或半年才能退税，对一般中小企业难以承受；二是手续繁杂，要经过好多层次和部门（由税务部门负责征收，财政部门负责退税，还要经过国家环保督察部门审批等）审批；三是一般收购废机油没有发票，不能抵扣增值税。

**专栏5.4　关于对废矿物油再生油品免征消费税的通知**

财税［2013］105号

各省、自治区、直辖市、计划单列市财政厅（局）、国家税务局，新疆生产建设兵团财务局：

为促进资源综合利用和环境保护，经国务院批准，自2013年11月1日至2018年10月31日，对以回收的废矿物油为原料生产的润滑油基础油、汽油、柴油等工业油料免征消费税。现将有关政策通知如下：

一、废矿物油，是指工业生产领域机械设备及汽车、船舶等交通运输设备使用后失去或降低功效更换下来的废润滑油。

二、纳税人利用废矿物油生产的润滑油基础油、汽油、柴油等工业油料免征消费税，应同时符合下列条件：

（一）纳税人必须取得省级以上（含省级）环境保护部门颁发的《危险废物（综合）经营许可证》，且该证件上核准生产经营范围应包括“利用”或“综合经营”字样。生产经营范围为“综合经营”的纳税人，还应同时提供颁发《危险废物（综合）经营许可证》的环境保护部门出具的能证明其生产经营范围包括“利用”的材料。

纳税人在申请办理免征消费税备案时，应同时提交污染物排放地环境保护部门确定的该纳税人应予执行的污染物排放标准，以及污染物排放地环境保护部门在此前6个月以内出具的该纳税人的污染物排放符合上述标准的证明材料。

纳税人回收的废矿物油应具备能显示其名称、特性、数量、接受日期等项目的《危险废物转移联单》。

（二）生产原料中废矿物油重量必须占到90%以上。产成品中必须包括润滑油基础油，且每吨废矿物油生产的润滑油基础油应不少于0.65吨。

（三）利用废矿物油生产的产品与利用其他原料生产的产品应分别核算。

三、符合本通知第二条规定的纳税人销售免税油品时，应在增值税专用发票上注明产品名称,并在产品名称后加注“(废矿物油)”。

四、符合本通知第二条规定的纳税人利用废矿物油生产的润滑油基础油连续加工生产润滑油，或纳税人（包括符合本通知第二条规定的纳税人及其他纳税人）外购利用废矿物油生产的润滑油基础油加工生产润滑油，在申报润滑油消费税额时按当期销售的润滑油数量扣减其耗用的符合本通知规定的润滑油基础油数量的余额计算缴纳消费税。

五、对未达到相应的污染物排放标准或被取消《危险废物（综合）经营许可证》的纳税人，自发生违规排放行为之日或《危险废物（综合）经营许可证》被取消之日起，取消其享受本通知规定的免征消费税政策的资格，且三年内不得再次申请。纳税人自发生违规排放行为之日起已申请并办理免税的，应予追缴。

六、各级税务机关应采取严密措施，对享受本通知规定的免征消费税政策的纳税人加强动态监管。凡经核实纳税人弄虚作假骗取享受本通知规定的免征消费税政策的，税务机关追缴其此前骗取的免税税款，并自纳税人发生上述违法违规行为年度起，取消其享受本通知规定的免征消费税政策的资格，且纳税人三年内不得再次申请。

发生违规排放行为之日，是指已由污染物排放地环境保护部门查证确认的、纳税人发生未达到应予执行的污染物排放标准行为的当日。

七、自2013年11月1日至本通知下发前，纳税人已经缴纳的消费税，符合本通知免税规定的予以退还。

财政部　国家税务总局

2013年12月12日

### 5.3.6　未能充分认识废机油再生利用在经济和社会中的重要性

国际上早已认识到废机油再生利用的重大价值，然而，我国对可作为宝贵再生能源和资源的废机油特殊性的认识，仍然停留在

“谁产废谁付费”的传统观念上。[①] 由于认识不到位，政府在润滑油使用、废机油资源价值、环境影响、可回收性和处理处置方法等方面缺乏深入的分析评估，在政策与法规方面缺乏正确的惩治、约束、引导和激励机制，以致目前对废机油回收处理管理不规范，体系不完善，使得大量废机油被随意丢弃，80%以上的废机油未能得到收集和处理，可再生资源大量浪费，生态环境亦遭到极大危害。

① 刘先斌：“重庆市废润滑油处理处置现状与可持续发展思考”，《重庆工商大学学报（自然科学版）》，2007年第4期。

# 第6章　我国危废润滑油市场监管存在的问题

市场监管是服务型政府必须承担的经济职能之一。近年来，我国政府就废机油市场监管出台了一些政策措施，如《危险废物经营许可证管理办法》、《再生资源回收管理办法》、《废矿物油回收利用污染控制技术规范》等文件。但这与废机油市场监管需要，仍有很大差距。

## 6.1　强化对废机油市场监管的必要性

在市场经济环境下，资源配置效率得到提高，但市场机制也有其明显的局限性。从经济学角度讲，废机油非法炼制屡禁不止，是政府对市场监管失责的表现。

在市场经济条件下，各类市场行为主体是逐利的，它追求的是个体利益最大化。在废机油的产生、收集、运输、处置过程中，各类个体都可从废机油加工的链条中获取一定利益。但当其自身利益与社会公众整体利益不一致时，废机油再生利用企业首先考虑的是自身经济利益。因此化解个体利益与社会公众利益之间的矛盾，就需要政府来发挥作用。

公共产品具有效用的不可分割性、消费的非竞争性以及受益的非排他性。市场无法有效提供公共产品。因此政府有必要依靠其强大的组织资源为公众提供有效的废机油检测方法以及其他有助于辨别废机油的知识和信息，确保公众安全。另一方面，打击废机油非法收集、运输、加工、处置企业，以及打击非法销售废机油的各类汽修厂、汽配城、加油站，也是在维护广大消费者的利益，是满足公众的安全需要。因此它不能也无法通过市场来提供，只能由政府来提供。

可见，依靠单纯的市场机制难以根除废机油的非法炼制，需要政府这只“看得见的手”来发挥作用。

## 6.2 当前我国废机油市场监管方式

目前，我国针对废机油市场，主要实施两种监管方式，即废机油收购资质监管与废机油综合经营许可证监管。

### 6.2.1 收购资质监管

2004 年 7 月 1 日国家颁布的《危险废物经营许可证管理办法》明确规定，县级以上人民政府环境保护主管部门负责废矿物油的收集许可证审批颁发。

此后，2007 年 5 月 1 日国家颁布的《再生资源回收管理办法》指出，从事再生资源回收经营活动，必须符合工商行政管理登记条件，领取营业执照后，从事经营活动应当遵守相关国家污染防治标准、技术政策和技术规范。应当遵守旧货流通的有关规定。再生资

源回收可以采取上门回收、流动回收、固定地点回收等方式。

《中华人民共和国固体废物污染环境防治法》也规定，禁止无经营许可证或者不按照经营许可证规定从事危险废物收集、贮存、利用、处置的经营活动。禁止将危险废物提供或者委托给无经营许可证的单位从事收集、贮存、利用、处置等经营活动。

### 6.2.2　综合许可证监管

2004 年 7 月 1 日国家颁布的《危险废物经营许可证管理办法》规定，省级环境保护行政主管部门负责废矿物油收集、贮存、处理、处置的危险废物综合经营许可证的审批颁发。

《废矿物油回收利用污染控制技术规范》规定，不具有危险废物收集经营许可证、危险废物收集、贮存、处置、综合经营许可证的企业及个人不得私自收集、贮存、处理、处置废矿物油。

此外，2013 年 6 月 19 日，最高人民法院、最高人民检察院联合发布的《关于办理环境污染刑事案件适用法律若干问题的解释》正式施行。其中更加明确了非法排放、倾倒、处置危险废物三吨以上的，将触犯刑法。同时，将加大对违法贮存、转移、处理危险废物行为的处罚力度，对拒不申报、超期贮存、擅自处置转移等行动，将依法严肃查处，对涉嫌污染环境犯罪的，将移送司法机关追究刑事责任。

## 专栏 6.1 国内颁发废机油经营许可证的规定

由于废机油属于危险废物，因此其经营活动必须严格按照《危险废物经营许可证管理办法》执行。根据国家环境保护部《关于危险废物经营许可证申请和审批有关事项的通告》（环函[2005] 26 号）的要求：

一是从事危险废物收集、贮存、处置经营活动的单位，应当按照《危险废物经营许可证管理办法》规定的申请领取危险废物经营许可证的条件和程序向国家环境保护部提出申请。

二是国家环境保护部污染控制司固体废物与有毒化学品管理处负责受理危险废物经营许可证申请材料。申请领取危险废物经营许可证的单位应将申请材料直接邮寄或以其他方式送达国家环境保护部污染控制司固体处。

三是申请单位具有多处危险废物经营设施的，应就各处设施分别申请危险废物经营许可证。申请变更危险废物经营许可证应提交危险废物经营许可证变更申请报告、工商变更登记文件和原危险废物经营许可证。申请报告应说明变更理由和需要变更的具体事项，并抄送经营设施所在地区的市及省级环境保护行政主管部门。

对危险废物经营许可证，各省市的环保部门一般都采取下列管理措施：①对危险废物经营许可证实行年检。领取危险废物经营许可证满 1 年后，必须在 20 日内向市环保局申请年检。市环保局在 10 日内完成年检。年检合格的，可继续从事经营活动；不合格的，注销危险废物经营许可证。②危险废物经营许可证有效期为 3 年。有效期满后需继续从事经营活动的以及有效期内需变更经营范围的，必须在期满或变更前30日按前述申办程序申请换证。有效期内停业或不再从事经营活动的，必须到市环保行政主管部门办理注销手续。③危险废物经营等机构，不得超越许可证规定的业务范围承接相应业务。各省市环保部门对颁发的危险废物经营许可情况进行公示，国家环境保护部对各省市颁发的危险废物经营许可证整体情况、审批情况和存在问题等进行监管。

## 6.3 当前我国废机油市场监管存在的问题

### 6.3.1 监管体制不顺

首先，我国目前既没有一个专门的职能部门对废机油的收集与处理进行统一、有效的管理，又缺乏完善的回收利用体系和管理方面的规章制度，导致在废机油的回收、处理、再生油重回市场等环节漏洞百出，从而体现在废机油的回收和处理上监管脱节。同时，针对废机油的危险废物管理监督考核机制还不够完善，操作性还不强。如目标责任制比较粗放，落实起来比较难；要求危险废物管理处置率达100%，但没有量化指标，没有一个做比较的基数；按照有关规定，对产生危险废物企业要每月检查一次，操作难度比较大。

其次，对废机油的非法处置行为，仅靠环保部门的监管难见成效。比如在废机油运输过程的监管（交管部门）、废机油处置企业的准入监管（工商、质检部门）、产生废机油（这里主要指社会源）的汽配城、汽修厂、4S店监管（公安部门）以及环保部门等，每一个部门都有自己的监管标准，因此部门之间难以协调和沟通，存在着部门职责不清、职能交叉、互相推诿的情况，“多头监管”与“监管空白”同时存在，难以形成合力，导致监管难以落到实处。

### 6.3.2 重视工业源监管，轻视社会源监管

长期以来，我国一直把危险废物管理的重点放在工业危险废物上，而对于社会分散产生的各类危险废物缺乏有效的管理手段。这种危险废物“产生源分散、产生量不固定且种类复杂”，所以监管起来难度确实较大。

同时，对于社会源（汽配城、汽修厂、4S 店等）特别是在流通领域产生的危险废物（废机油），由于重工业源轻社会源，大都流向非法市场，长期以来形成的以“游击队”为主的收集网络难以打破；并且产生量少且面广，管理人员有限，管理触角无法深入到所有机动车维修点，只能采取定期申报、网络管控、物料平衡等手段，但现实情况往往是帮“游击队”做“嫁衣”，前脚刚跟有资质单位签订处置合同，后脚就把废机油卖给了“游击队”。

### 6.3.3 监管手段落后

废机油监管是一项涉及对象多、专业性强、相对复杂的活动。虽然我国各级环保机关都设置了具体管理部门，但由于检测技术力量薄弱，人员配备残缺，限制了废机油监管成效，很难实现真正意义上的监管。一方面监管手段相对落后，不能对废机油的生产、收集、运输、处置实施全过程监管。另一方面，仅仅实行运动式、突击检查式监管，“有事”监管，“无事”束之高阁，缺乏一个可持续性、制度性的执法过程。特别是对汽修厂、汽配城、4S 店等产生废机油量少、点多、隐蔽性强的产废地，取证困难。许多 4S 店没有危险废物转移联单、部分店面私自将废机油销售给私人收购点再生利用。按照规定，维修厂和 4S 店，必须要与有资质的废机油

回收公司签订合同。如果没有合同，那么这些店在营业执照年审时将过不了关。转移废机油时，还要签五联单，这个五联单是在废固中心备案的手续，如果没有，环保部门也会进行查处。可是通常"地下交易"都会将此化为无形。每当某地"地下交易"被披露后，各地政府才纷纷表示要展开打击"废机油"的"专项整治"，非法机构会有所收敛，等"风头"一过，又会卷土重来。而且很多地方对废机油的监管都是"头痛医头、脚痛医脚"，没有从源头上消除这一乱象。

### 6.3.4 未能形成有效的区域合作监管机制

大城市是废机油产生的源头，由于大城市打击力度较大，一些非法机构在收集废机油后向周边省市转移。目前我国在环境管理上行政区划界线非常清晰，废机油是按属地化监管，跨地区监管在不少地方基本变成谁都不管。加之各地管理和执法力度不一，造成了一些大城市废机油流向周边省份。比如北京市严格监管后，废机油等社会源危险废物向周边省、市转移。但是周边省、市却没有加大监管力度，为废机油非法转移提供了可能。北京市有关人士曾表示，如果周边省、市也加大打击力度，就不会有非法回收、转移和提炼的机会。北京市正是因为管不了尾端，所以只好往前走，这是艰难和不正常的管理现状。

# 第7章　我国危废润滑油再生利用监管标准及问题

按我国目前的政策，废机油属于危险废弃物。危险废弃物是固体废物管理的重点，是近年来在环境保护中日益受到重视的领域。近年来，我国政府针对废机油出台了一系列标准和技术规范，在一定程度上促进了废机油的再生利用，但也存在不少亟待改进的问题。

## 7.1　环保部门的监管标准

依照《中华人民共和国固体废物污染环境防治法》（简称《固废法》）的规定，目前可适用于危险废物管理的标准和规范主要分为两方面，即鉴别标准和污染防治标准。

### 7.1.1　危险废物鉴别标准

根据《固废法》，危险废弃物是指列入国家危险废物名录或根据危险废物鉴别标准和方法认定的具有危险特性的固体废物。

（1）国家危险废物名录：2008 年修订的《国家危险废物名录》是危险废物管理、分类和鉴别的重要技术文件，列出了危险废物的类别、编号、主要危害和主要产生来源。废机油被列在该名录的 HW08 类，来源于工业机械、汽车、船舶等生产、经销、配制和使用过程中产生的废物。

（2）危险废物鉴别标准：1996 年国家环境保护总局颁布了系列危险废物鉴别标准：危险废物鉴别标准——腐蚀性、急性毒性初筛和浸出毒性鉴别。与标准配套的还制定了固体废物和危险废物实验方法或分析方法标准。

这些鉴别标准和方法是实施危险废物管理的重要技术支持，对废机油监管也具有一定的适用性。

### 7.1.2 危险废物污染防治标准和规范

自 1999 年开始，国家环境保护总局陆续颁布了三个危险废物污染控制标准，即《危险废物焚烧污染控制标准》、《填埋污染控制标准》和《危险废物贮存污染控制标准》。这三个标准借助不同的控制指标对危险废物的处理处置提出了具体要求。

《危险废物焚烧污染控制标准》对焚烧厂选址原则、焚烧物的要求、焚烧炉的技术条件、废物贮存、污染物的排放、环境监测等提出了要求，尤其对多氯联苯（pCBs）的焚毁去除率和二恶英类（pCDDs 和 pCDFs）的排放限值给出了规定。

《危险废物填埋污染控制标准》对废物的入场条件、选址、填埋场设计与施工、填埋场运行管理、填埋场污染控制、填埋场封场、监测等提出了技术指标或原则要求。

《危险废物贮存污染控制标准》对废物的贮存容器、贮存设施的选址与设计、贮存设施的运行与管理、贮存设施的安全防护与监测等提出了技术指标或原则要求。

其实早在1991年国家环保局就专门制定了《含多氯联苯废物污染控制标准》，规定了含多氯联苯废物污染控制标准值以及处置方法，适用于含多氯联苯废物的收集、贮存、运输、回收、处理和处置等。后来为配合《医疗废物管理条例》的实施，国家陆续编制颁布了包括处置废机油、医疗废物等的技术规范。这些标准和规范对规范危险废物特别是废机油的处理处置技术和污染控制起到了一定的促进作用。

## 7.2　质检部门的技术标准

1998年7月1日开始实施的《废润滑油回收与再生利用技术导则（GB/T 17145－1997）》，是我国废润滑油回收与再生利用的第一个国家标准。此标准规定了废润滑油的定义、分级、回收与管理、再生与利用。

### 7.2.1　废润滑油的分类

该标准规定回收利用的废机油包括：废内燃机油；废齿轮油；废液压油；废专用油（包括废变压器油、废压缩机油、废汽轮机油、废热处理油等）。

### 7.2.2　废润滑油的分级

该标准根据废机油的变质程度、被污染情况、水分含量及轻组分含量等来划分等级。

对含有多氯联苯的废变压器油，应按有关环保要求集中处置。一级废机油变质程度低，包括因积压变质及混油事故而不能使用的油，二级废机油变质较高，本标准所列油品外的各类废机油可按蒸后损失的百分比划分等级，≤3%为一级，≤5%为二级。

### 7.2.3　废润滑油的回收管理和再生利用

各产生废机油单位应指定专人专职或兼职管理废机油的回收

工作。

回收的废机油要集中分类存放管理，定期交售给有关部门认可的废机油再生厂或回收废机油的部门，不得交售无证单位和个人。

回收的废机油要防止混入泥沙、雨水和其他杂物。严禁人为混杂或掺水。废机油回收部门和废机油管理部门都应做好回收场地的环境保护工作，严禁各单位及个人私自处理和烧、倒或掩埋废机油。

同时，对于废润滑油的再生利用，标准规定：凡废机油再生厂生产出来各种符合国家标准的再生油品，石油产品经销部门可按质论价进行收购，供应市场，凡不符合国家标准要求的再生油品，石油经销部门不予收购。对生产销售劣质石油产品的再生厂和石油产品经销部门，技术监督等执法部门要依照国家法律严肃查处。

## 7.3 环保部门的技术规范

2011 年 2 月 16 日，国家环境保护部发布了《废矿物油回收利用污染控制技术规范》。本规范主要围绕废矿物油的收集污染控制技术、贮存污染控制技术、利用污染控制技术、利用和处置控制技术展开。

### 7.3.1 收集污染控制技术规范

废矿物油收集容器应完好无损，没有腐蚀、污染、损毁或其他可能导致其使用效能减弱的缺陷。废矿物油收集应在产生源收集，不宜在产生源收集的应设置专用设施集中收集，收集过程中产生的含油棉、含油毡等含废矿物油废物应一并收集。

### 7.3.2 贮存污染控制技术规范

废矿物油贮存设施应远离火源，并避免高温和阳光直射。应使用专用设施贮存，贮存前应进行检验，不应与不相容的废物混合，实行分类存放。贮存设施内地面应作防渗处理，并建设废矿物油收集和导流系统，用于收集不慎泄漏的废矿物油。废矿物油容器盛装液体废矿物油时，应留有足够的膨胀余量，预留容积应不少于总容积的5%。已盛装废矿物油的容器应密封，贮油罐应设置呼吸孔，防止气体膨胀，并安装防护罩，防止杂质落入。

7.3.3　运输污染控制技术规范

废矿物油的运输转移过程控制应按《道路危险货物运输管理规定》、《铁路危险货物运输管理规则》、《水陆危险货物运输规则》、《危险废物转移联单管理办法》的规定执行。转运前应检查危险废矿物转移联单，核对品名、数量和标志等。转运前应制定突发环境事件应急预案。转运前应检查转运设备和盛装容器的稳定性、严密性，确保运输途中不会破裂、倾倒和溢流。转运过程中应设专人看护。

7.3.4　利用和处置技术规范

废矿物油利用和处置方式主要有再生利用、焚烧处置和填埋处置，应根据含油率、黏度、倾点（凝点）、闪点、色度等指标合理选择利用和处置方式。废矿物油的再生利用宜采用沉降、过滤、蒸馏、精制和催化裂解工艺，可根据废矿物油的污染程度和再生产品质量要求进行工艺选择。废矿物油再生利用产品应进行主要指标的检测，确保再生产品质量。废矿物油进行焚烧处置，鼓励进行热能综合利用。无法再生利用或焚烧处置的废矿物油及废矿物油焚烧残余物应进行安全处置。

7.3.5　利用和处置污染控制技术规范

废矿物油经营单位应对废矿物油在利用和处置过程中排放的废气、废水和场地土壤进行定期监测，监测方法、频次应符合相关要求。利用和处置过程中的废水、废气噪声应符合相关要求。废矿物油经营单位应按照《危险废物经营单位记录和报告经营情况指南》建立废矿物油经营情况记录和报告制度。废矿物油产生单位的产生记录，废矿物油经营单位的经营情况记录以及污染物排放监测记录应保存10年以上，并接受环境保护主管部门的检查。同时，废矿物油经营单位应建立污染预防机制和环境污染事故应急预案。

## 7.4 存在的问题

总结上面几类技术标准或规范，并结合废机油目前发展实际情况，《固废法》第四章“危险废物污染环境防治的特别规定”对危险废物的产生、收集、运输、转移、包装、贮存、利用、处置、设施建设、监督管理等活动有比较系统的要求，明确规定了危险废物管理的具体方案和责任。但实际操作表明，与废机油配套的危险废物管理规范、标准和处理处置技术仍很不完善，亟待补充完善。主要表现在以下几个方面。

### 7.4.1 废机油鉴别体系不完善

废机油鉴别标准和方法是危险废物管理的技术基础和关键环节。我国到目前还没有建立完善的废机油鉴别程序，废机油的鉴别和分级管理也比较混乱，这样增加了废机油的管理成本，效率也比较低。

### 7.4.2 废机油处理处置的相关标准不完善

国外废机油再生市场发展经验表明，要保持废机油再生市场规范化发展，离不开一套科学完整的包括技术、设备、价格及资源等多方面的标准。当前由于废机油处理处置技术和标准很不完善，使得大量废机油处于非法交易状态，综合利用活动不规范，存在二次污染等现象。同时废机油贮存管理制度和贮存设施技术规范也不统一，致使贮存的方式多种多样，且贮存点分散。这样不仅导致重复建设，浪费大量资金，也不利于进行统一管理，并且对于废机油贮存的安全性也很难得到保证。由于废机油所具有的特殊性质，其处于这样一种不稳定状态的临时贮存设施内，仍然具有极大的危险性。

### 专栏 7.1　美国废机油处置企业需要遵循的标准

如果工厂产生或者处理废机油，需要遵循一些方法，也就是管理标准，由美国环境保护署（EPA）为那些处理废机油的企业制定。该处理标准为普遍遵守，以保证废机油的安全处理，最大化回收利用率，最小化废弃率。这些标准适用于所有废机油处理厂，不管它们的废机油处理量大小。尽管不同的废机油处理厂可能有特殊的要求，但是以下是对所有废机油处理厂的共同要求。这些要求与储存和清洁泄漏与溢出废机油有关：

（1）给所有的废机油容器和油箱做好标记。

（2）妥善保存容器和油箱。不要让油箱被腐蚀，泄漏和恶化。及时修复有问题的装置。

（3）除油箱和储藏罐以外，不可用其他容器储存废机油。废机油也可以和相关危险废物储存在一起。油箱和容器储存废机油不需要得到 RCRA 的许可证，只要他们得到妥善保管并贴有标签。将废机油储存在泻湖、深坑或者坝中，为 RCRA 条例所禁止。

同时，除了要符合环境保护署的废机油管理标准以外，如果企业的油由于混入危险废品而受污染时，还要求遵守联邦和州的危险废品条例。如果废机油中混有危险废品，那该油可能必须作为危险废物来管理。危险废品处理需要很长时间，花费高，而且管理处理规范相当严格。保证废机油不被危险废品污染的唯一方法就是把废机油与所有溶剂和化学物质分开储放，而且不与任何物质混合。如果想知道废机油可能与某种危险废品混合，就拨打环保部的热线。他们会回答你大部分的问题或者指导你去联系恰当的环境部门。(《润滑油》2005 年第 2 期)

### 7.4.3 市场准入门槛低

从以上几类标准或规范看，目前废机油市场准入门槛很低，只要企业愿意就可进入废机油行业，导致产品质量低下问题较为突出，运行效果难以保证。而监管部门也无法对生产源实施规范化管理，无法对产废源进行全面排查，且在收集、贮存、运输、处置方面标准过于宽泛，导致实际操作中无法执行。同时，从质检导则看，对废机油产品质量要求不高，质检导则也亟待修订，以解决目前产品质量不高的问题。

**专栏 7.2 废机油变身燃料油**
**山东口岸半年现 22 批以废充油**

这批机油就是废机油，而在不到半年的时间里，仅在山东口岸检出的以废机油充当燃料油出口到中国的货物就有 22 批，这些废机油多以集装箱运输，主要来自东南亚地区，重量达 1.52 万吨，货值高达 880 万美元。

按照我国法律，废物燃油属于危险废物，属于禁止进口的货物之列。这些废物燃油里含钙氯锌磷等金属物质，还有大量的灰分。如果这些油品进入国内，每燃烧一吨就会产生 10 公斤的灰尘，如果进入土壤水体也会产生极大的污染。

燃料油标准漏洞使国外供货商有机可乘。

实际上，目前国家对于进口用于炼化的原料燃料油标准仅规定黏度、水分等基本指标，对于钙锌磷等含量都未做要求。目前市场供不应求，加之国内标准相对滞后，国外供货商就利用标准漏洞以废机油充当燃料油，导致企业上当受骗。检验检疫部门建议进口企业在进口之前应该谨慎选择贸易人，同时也要增加检验指标。(《山东日报》2014 年 8 月 23 日)

### 7.4.4 市场标准不明确

就整体而言，我国目前对废机油实行的是质检、环保两端控制，也使得我国废机油的市场标准很不明确，对行业发展的规范和引领作用不够，导致市场行为不规范、市场乱向丛生，由此难以对废机油的产生、收集、运输、处置、产品销售等实行全过程监管，不利于废机油行业健康发展。同时，由于我国废机油再生利用企业所处地域的不同，使不同地域的企业发展参差不齐，规模和工艺技术水平相差很大。

# 第8章 从资源属性再认识危废润滑油

废机油既是一种有毒、有害物品，同时也是一种宝贵资源。多年来，由于我们对废机油行业定位不同，从而也影响着废机油再生利用行业的发展。作者认为，必须从复杂的现实中正本清源，确认废机油的资源属性；废机油再生利用行业管理体制机制设计，应以废机油资源属性为出发点和依据，把废机油再生利用放在十分重要的位置上。

## 8.1 国外对废机油的定位：危险废弃物

世界工业化起源于西方，石油则是工业的血液。20 世纪 40 年代后，国外就对废机油的回收处置有了相关规定，但不是从节约资源的角度，而更多地考虑了环境保护的需要，将废机油定位为危险废弃物。故此，所有关于废机油的管理政策都遵循废弃物这一原则制定。

英国是最早的工业化国家。在工业发展过程中，由于废机油大量产生，其环境受到污染。该国每年大约有 35 万吨废机油产生，在 20 世纪 50 年代，英国政府出台了一系列政策措施，要求加强废机油的回收处置。近年来，英国政府又出台了一系列的法规政策对危险废物进行管理。如《危险废物条例》、《全国废物规划政策声明》、《危险废物管理策略》等等，以便更好地管理和处置危险废物。在废机油跨区域流动方面，英格兰和威尔士主管废物运输的部门，将《英国越界废物运输条例》与《英国废物运输计划》相结合，要求严禁废机油的转运，支持政府关于处置废机油的原料自足政策。对可以回收的废机油转运时，应事先通知官方，并得到官方对发送目的地的同意。在《规划法案》中提出，政府帮助“设施规划委员会”考虑和建立国内处置或回收废机油的设施。一般要求新设施的废机油处理能力每年达到 3 万吨以上，对废机油填埋或者深层贮存设施来说，其处置能力需超过每年 1 万吨，且填埋仅仅用来处置不能回收或难以处理的废机油。

此外，包括美国、德国、法国、加拿大、日本等发达国家，也都从环境保护的角度出发，对废机油的回收利用及处置颁布了一系列政策措施，并起到了积极的作用。比如德国在 1968 年通过的《德意志联邦废机油法》中明确规定废机油是毒物，禁止抛弃，违者罚款。意大利也出台法律，对“废弃物”——废机油实行强制性收集，禁止流入社会。

由于废机油是危险废弃物，所以西方国家对此行业实行管制或特许经营，市场化程度低，并从环保的角度出发，推行“谁污染，谁缴费”的原则。如德国要求产生废机油的用户无偿交出废机油，回收的负责者无偿将废机油运走。日本在法律上将废机油列入产业废弃物中的有害物一类。其原则是生产废弃物者负有处理的责任，或自己处理，或交给专业处理者处理，自己担负费用。

综合考虑西方发达国家将废机油列入“危险废弃物”多方面的原因，其核心在于，第一发达国家石油资源相对富足，第二，西方发达国家已进入后工业化时代，对生态环保的要求日趋加剧，需要进行环保治理。

总之，多数西方国家主要是将废机油作为废弃物来处理的。

## 8.2 中国对废机油的定位：危险废弃物

有什么样的行业定位就有什么样的管理体制。中国早在20世纪50年代就开始着手实施废机油再生利用工作，但当时更多着眼于中国石油资源短缺，是实施节约资源的一种手段或方式。改革开放后，当时脆弱的废机油回收利用体系被推向市场，导致在很长一段时间内废机油管理处于空白阶段。自20世纪90年代以来，随着国家经济实力的增强和民众环保意识的提高，以及国际上对中国环保实施的“压力”，中国政府出台了一系列针对废机油的管理政策。

1998年7月1日，出台了《废润滑油回收与再生利用技术导则（GB/T 17145—1997）》。这是我国废机油回收再生利用的第一个国家标准，是国内废润滑油再生利用的指导性文件。但是在环保的“大潮”中，“回收利用”的声音显得很弱小，加之我国没有配套的法规，也没有对废机油回收和再生利用予以政策支持和引导，废机油再生利用行业处于无序状态。

1998年1月4日，国家环保总局、国家经贸委、外经贸部、公安部联合颁布的《国家危险废物名录》规定，废机油属于危险废物。从事废机油、煤油收集、贮存、经销活动的单位应按照《固废法》中有关危险废物的条款执行。禁止无经营许可证或者不按照经营许可证规定从事危险废物收集、贮存、处置的经营活动。这里第一次明确指出，废机油是危险废弃物，也就是垃圾，那么行业的管理自然趋向环保。

此后，我国对《危险废物鉴别标准》及配套的一系列检测方法进行了修改和完善，并出台了《危险废物鉴别技术规范》，形成了较完整的危险废物鉴别体系。当然也仅限于腐蚀性、毒性、易燃性和反应性鉴别。

越来越紧迫的环境压力，使废机油这一“废物”的特性更加显著，围绕如何使“废物”对环境的危害最小化，相关的政策及法律法规不断出台，对废机油的资源属性很少涉及。

2001 年 12 月 17 日，国家环保总局发布了《危险废物污染防治技术政策》，其中明确指出：对于废矿物油类，禁止将废矿物油作为非清洁燃料燃烧、用作建筑脱模剂，禁止采用环境污染严重的“土法炼制”，鼓励采用新技术对废机油进行利用。

2002 年 4 月 30 日，国家环保总局关于“废机油”是否属于“固体废物”的复函指出，对“废机油”依法应当认定为固体废物。

2005 年 4 月 1 日起施行的新修订后的《中华人民共和国固体废物污染环境防治法》规定，废矿物油、废铅酸蓄电池必须由具有《危险废物经营许可证》的单位统一收集、运输、处置及综合利用。

依照《中华人民共和国固体废物污染环境防治法》的规定，产生危险废物的单位，如果将危险废物提供或者委托给无经营许可证的单位从事收集、贮存、利用、处置的经营活动，环保部门可以处两万元以上二十万元以下罚款，而无经营许可证或者不按照经营许可证规定从事收集、贮存、利用、处置危险废物经营活动的，可处以违法所得三倍以下的罚款；未经批准转移危险废物的行为，可处以两万元以上二十万元以下罚款。

另外，国家环保部在“2011—87”号文的执法解释中，这样描述废弃机油——“机动车维修企业产生的废机油（包括未使用完毕残留附着在机油桶中的废机油），属于《国家危险废物名录》所列的废矿物油。机动车维修企业使用过但仍含有或直接沾染废机油的废弃机油桶属于《国家危险废物名录》所列的废弃包装物、容器、清洗杂物。”也就是说，不仅机动车维修产生的废机油属于危险废物，而且废弃机油桶也被纳入在《国家危险废物名录》中。废旧机油属于危险废物，按照《中华人民共和国固体废物污染环境防治法》的规定，“禁止无经营许可证或者不按照经营许可证规定从事危险废物收集、贮存、利用、处置的经营活动。禁止将危险废物提供或者委托给无经营许可证的单位从事收集、贮存、利用、处置的经营活动。”

### 专栏8.1 危险废物相关法律责任

一、产生危险废物的单位，必须按照国家有关规定处置危险废物，不得擅自倾倒、堆放；不处置的，由所在地县级以上地方人民政府环境保护行政主管部门责令限期改正；逾期不处置或者处置不符合国家有关规定的，由所在地县级以上地方人民政府环境保护行政主管部门指定单位按照国家有关规定代为处置，处置费用由产生危险废物的单位承担。

二、产生危险废物的单位，禁止将危险废物提供或者委托给无经营许可证的单位从事收集、贮存、利用、处置的经营活动。违反规定，环保部门可依据《中华人民共和国固体废物污染环境防治法》规定，处两万元以上二十万元以下罚款。

三、产生危险废物的单位，必须按照国务院环境保护行政主管部门的规定，向所在地县级以上人民政府环境保护行政主管部门申报危险废物的种类、产生量、流向、贮存、处置等有关资料。不按照国家规定申报登记危险废物，或者在申报登记时弄虚作假的，环保部门可依据《中华人民共和国固体废物污染环境防治法》规定，处一万元以上十万元以下罚款。

四、转移危险废物必须按照国家有关规定填写危险废物转移联单，并向有危险废物移出地设区的省市级以上地方人民政府环境保护行政主管部门提出申请。未经批准的，不得转移。违反规定，环保部门可依据《中华人民共和国固体废物污染环境防治法》规定，处两万元以上二十万元以下罚款。

2014 年 1 月 28 日，国务院发布《关于取消和下放一批行政审批项目的决定》，共计 82 项行政审批项目将被取消和被下放管理层级。其中，由国务院环境保护行政主管部门负责的危险废物经营许可审批下放至省级环保部门。

从以上管理文件可见，废机油在我国被定位为一种危险废弃物，并未确认其资源属性。

## 8.3 纠正废机油行业定位，确认废机油的资源属性

从废物的来源看，废机油一般分为工业固废（工业源）和生活垃圾（社会源）。由于以上政策法规的实施，目前我国对废机油的（工业源）实施重点管理，其管理体制、管理手段相对完善。调研显示，一般工业源产生的废机油有效回收率较大。

但从另一方面看，为什么出台了这么多的政策措施，炼制废机油的非法机构仍然大量存在，且存在“劣质驱逐良币现象”，其原因就在于非法机构显然是看中了废机油的资源属性，且具有较高的经济价值和利用价值。

废机油既是危险废弃物，更是宝贵的资源。根据有关统计，1吨废机油的5%～8%可变成轻质燃料油，能用于农用机械或锅炉燃料；70%～75%可被提炼为润滑油基础油；10%～15%可提炼成重质沥青，加工成铺路沥青或防水材料，剩余的残渣进入公司的专业焚烧炉进行焚烧处置。[①]

随着“十三五”规划的展开，以及汽车的普及和再工业化进程的需要，对于润滑油的需求将会大量增加，同时也要履行我国在控制碳排放方面的承诺。因此，对于相关资源尤其是作为战略资源的原油以及其衍生品润滑油的合理再生利用，就成为经济发展与环境保护都需要考虑的问题。而随着我国综合国力的提升以及相关技术的成熟，在废机油再生处理领域将会产生更多先进的技术工艺，无疑也将促进废机油的再生利用。

---

① 废机油处置 何时“干净”回收 http://sdjsb.bjd.com.cn/html/2011-09/23/content_454605.htm?div=-1

实际上，很多国家早就认识到废滑润油回收的重要性。美国虽有丰富的石油资源，却拥有世界上最大的废机油再生厂，他们很早就把工业废机油作为一种宝贵资源加以保护利用，并为此制定了较完善的法律法规来支持废机油再生业。欧共体则在1975年就发布了要求成员国必须收集全部废机油的规定，其中，德国是做得最好的国家之一，该国1996年废机油收集和适宜化处理率达99%，美国为60%。[①]

我国在很长一段时间将废机油作为废弃物进行处理，目前尚缺乏健全的废机油再生产业政策体系，市场机制与产业不能有效衔接。其深层原因是我国尚未将废机油作为一种资源和产业进行管理完善。

因此，急需对废机油行业进行重新定位，提升其资源属性，拓展其利用覆盖面，将其作为一个新兴产业来对待或管理，不仅有利于夯实废机油在循环利用产业的基础地位，使其受到应有的重视与相配套的政策待遇，而且有利于用产业特有规律进行改革顶层设计，促进废机油问题统筹全盘解决，从而提高废机油的资源利用效率、使用效率，而不是简单的废弃。

① 戴钧："废润滑油再生"，中国石化出版社2000年版。

# 第9章　国外危废润滑油再生利用的经验与做法

西方发达国家废机油再生利用已有上百年的历史，尤其是20世纪80年代以来，在可持续发展战略指导下，西方发达国家日益将废机油再生利用贯彻到环境保护和资源开发利用的实施方略中，其经验和做法对完善我国废机油再生利用具有借鉴意义。

## 9.1　通过完善的法规保障废机油再生利用

西方很多国家通过立法保障废机油再生利用。

美国是世界上废机油再生利用率（再生油与油用量之比）最高的国家。早在1971年，美国政府能源部的一个研究中心就开始进行废润滑油再生无污染新工艺的研究工作，美国国会也通过一系列的法律来支持废润滑油再生工业。其主要做法是：美国国会于1975年通过了《能源政策保护法》，后来还专门制定了《废机油循环法》。1979年美国环境保护署又提出法案，明确指出废机油是有害毒物，对废机油再生利用起到了推动作用。

正如前面所说，英国在工业化过程中，其环境受到了很大污染。该国每年大约有35万吨的废机油产生，其中只有大约20%被再生利用，加工用作燃料油。据英国环境、食品和农村事务部（Defra）估计，引起臭氧层消耗的建筑绝缘泡沫，以平均每年2.4万吨的数量增加，预计将在2034年数量达到最高。2008年，英格兰和威尔士有超过660万吨的危险废物被处理，相对于2007年，其总量增加了3%。近年来，英国政府出台了一系列法规政策对危险废物进行管理。如1975年发布并于1987年修订的《废机油指令》要求再生利用企业优先考虑将废机油再生为燃料。2005年《危险废物条例》（英格兰和威尔士）对废物混合进行了说明。《全国废物规划政策声明》中第10条，对持续进行废物的管理进行了规划。2005年12月28日，英国政府要求执行《废弃物焚烧法令》，鉴于形势，提议取消原发布的《废机油指令》。发电厂停止使用由废机油再生而来的炉用油，使得废机油另找出路，一部分作为钢厂的还原剂，一部分作为混凝土粘结剂，也有部分被欧盟回收，这也使得英国建立再生装置成为可能。2007年第3.1版的《危险废物条例》中对废物中含油是否危险的鉴别进行了介绍。2008年第4版《危险废物条例》中对废物的分类与代码进行了说明。

为了进一步满足欧盟修订的《废物框架指令》要求，促进危险废物管理基础设施的建立与完善，为环境局（EA）等管理部门严格管理废物相关活动提供指南，促进在新的废物处理技术上的投资，减少对填埋的依赖，减少产品生产和化石燃料的使用过程中二氧化碳的排放，努力使危险废物的管理在低碳经济中起到作用，2010年，英国Defra发布了《危险废物管理策略》。①

意大利1940年就出台了相关法律，使得废机油收集具有强制性，而且优先用于再生润滑油。1962年又免去了75%的废机油再生产品税金，促进了废机油再生利用行业迅速发展。1986年政府还颁布了法规，规范利用高温燃烧含有多氯化联（二）苯（PCB）及多氯化三苯（PCT）的废机油。

联邦德国1968年通过《德意志联邦废机油法》，规定废机油是毒物，禁止抛弃，违者罚款500～1000马克。1986年发布的《废物防治与管理法》首次规定了石油企业有向消费者回收废机油、并以环境友好的方式进行处理的义务。1986年底联邦德国在欧洲经济共同体法令的基础上，根据专门的废机油法制定了废机油处理和重复利用法规。1994年实施了《循环经济和废物处置法》，1998年8月又对它进行了修改，法律规定，每年产生2吨以上需要特别监测的废物，或者每年产生2000吨以上需要监测的废物制造者，必须制订避免、利用、处置所产生废物的经济计划。1994年7月，德国联邦议院通过了《循环经济及废弃物法》。该法案明确了在废弃物管理政策方面的新措施，其中心就是贯彻循环经济理念，其中对废机油也有论述。1994年9月出台的《物质闭路循环和废物处理法》规定废物的利用和处置要置于主管部门的监督之下，并对公众义务、废物处置人员和主管部门的咨询义务、产生废物的企业组织的通知义务等作出了明确而严格的规定。

---

① 熊善高等："英国危险废物管理策略及对我国的启示"，《环境保护》，2012年第14期。

日本在法律上将废机油列入产业废弃物中的有害物一类。其原则是生产废弃物者负有处理的责任，或自己处理，或交给专业处理者处理，自己负担费用。日本的废弃物处理法还规定，废机油不许丢弃于海洋之中，要用焚烧设备烧掉。在焚烧时，必须考虑对大气的二次危害。

法国的废润滑油回收比例在西欧诸国中最高，但因法国用作燃料的废润滑油量在20世纪70年代迅速上升，所以用于制造再生润滑油的比例并不高。无控制的燃烧废机油污染了大气环境。法国在1979年出台了一系列新的法规，鼓励废机油的回收和热处理，全面管理废润滑油的回收及处理。1992年立法要求建立地区性危险性危害物管理办法。这些新法规提倡用两种方法处置废润滑油：再生或无污染燃烧。其他的处置方法则本着“污染环境者付费”的原则来对待。

## 9.2 通过加强管理来促进废机油再生利用

美国通过完善的管理制度来促进行业发展。一是对废机油的产生者和收集者进行严格管理，对废机油的产生、收集和处理进行准确的记录，对废机油的贮存、运输、利用、丢弃，作出了许多有利于保护环境的严格规定，增加了丢弃废机油的费用和法律约束，使焚烧废机油的费用大大上升，从而降低了焚烧废机油在经济上的竞争力。二是美国联邦机构（包括国防部）带头使用再生润滑油，即使价格略高也优先使用。1988年6月通过的环保署法案，规定凡与政府有直接联系的企业，必须购买25%以上的再生润滑油。美国16个州也制定了法规和相应的政策，包括危险物/非危险物的分类、废机油回收基金、州政府的职权、油品零售业务的要求、回收商和再生商的标准要求等。19个州要求相关企业定期汇报回收废机油的数量及去向；一些州把废机油视为有害物提示公众警觉；许多州的废机油回收中心要求对运输者采集废机油的方式、倾倒污染物的设计方式、广告要求、运作时间以及可以接受的容器类型等进行控制。这样做的结果是：不仅有立法，而且国家机构带头推进，起到了事半功倍的示范作用。三是联邦生产委员会对业已证明实际质量相当于新油的再生润滑油，取消其包装上的再生标志，打消消费者的心理障碍。四是美国环保署还规定燃料中的含铅量不得超过 $10m^1/m^3$，一方面保护了环境，另一方面也减少了争夺再生原料的压力。美国环保署还提出废机油应该按毒物对待，未经处理不得用于道路油化或其他用途（见表9.1）。

**表9.1　　发达国家废机油管理情况**

| 类型 | 国家 | 行业状况 | 行业策略 | 行业管理特点 | 经验启示 |
| --- | --- | --- | --- | --- | --- |
| 政府主导鼓励型 | 美国 | 行业发展波动性大，经过多个发展阶段。 | 环保技术标准为主，根据市场行情，出台相关法律政策。 | 美国有一个强制性联邦政策，要求人们最好购买二次再生油，也确实将减少资源的耗用，加大材料的再循环（包括将废机油当作燃料）放在了根据《资源保护和恢复法案》以及《污染预防法案》对废机油进行处理这一做法之上。 | 通过法律和环保标准、产业政策，全方位影响主导再生产业发展。 |

续表

| 类型 | 国家 | 行业状况 | 行业策略 | 行业管理特点 | 经验启示 |
|---|---|---|---|---|---|
| 政府主导鼓励型 | 德国 | 行业发展状况稳定，规模不大。 | 立法，生产者责任制和税收政策引导废机油发展。 | 消费者对废机油再循环很感兴趣；所有废机油均被当作危险废弃物；所有的售油商都必须在零售点附近提供废机油回收设施；废机油回收的花费由零售商承担；41%的机动车油被二次再生；35%放入石灰窑燃烧；剩下的24%经过处理燃烧作为他用；已售润滑油总量的48%被回收利用。 | 通过交通、税务、环保部门联动引导产业发展。 |
| | 意大利 | 欧盟回收率最高国家。 | 出台废机油回收与再生法律，税收优惠。 | 对机动车油中的二次再生油进行托管使用；拥有六个二次再生工厂；对出售润滑油进行征税用于资助项目；对回收商与二次再生商提供资助：只有10%的废机油可直接投入石灰窑进行燃烧；18%的废机油进行二次再生处理；政府托管的含有二次再生油的废机油产品供政府使用；已售润滑油总量的33%被回收利用。 | 资源导向型引导政策，政府的补贴政策效果显著。 |

续表

| 类型 | 国家 | 行业状况 | 行业策略 | 行业管理特点 | 经验启示 |
| --- | --- | --- | --- | --- | --- |
| 市场机制型 | 法国 | 行业规模小。 | 污染者付费原则。 | 政府资助项目以及对使用原始润滑油进行生产的生产商收税：42%的废机油由政府直接主管的二次再生行业协会进行二次再生生产。 | 受原油市场波动影响大。 |
| 污染治理型 | 日本 | 主业规模小。 | 出台细致法规。 | | 二次污染的法律。 |
| | 前苏联 | 回收效果好。 | 出台废机油标准，狠抓回收源头。 | | 政府管制力度大。 |

资料来源：洪风林："废机油再生利用——解决我国润滑基础油短缺的一个重要途径"，《2010大连润滑油技术经济论坛论文专辑》；杨晓东："船舶污油接收的现在和未来"，长江三峡通航管理局三峡海事局。

## 9.3　实行专业化分工

在发达国家，有一种力求把废机油生产规模做大的趋势。20世纪80年代报道的最大废机油再生企业每年处理量在10万吨左右，90年代报道的最大废机油再生企业年处理量已达30万吨。装置大型化以后不需要很多的再生企业，原来从事再生的公司或被淘汰，或改为专门的回收公司。因此，废机油回收公司增加很快，如联邦德国80年代的再生企业仅有11家，回收公司却多达200多家。有的国家还通过政府干预，促进这种专业化分工，表明了法律法规及政策对废机油再生工业的进步起到了促进作用。美国废机油再生企业有一个庞大的回收网，规模达到300家。日本有350家废机油回收公司，有的兼营再生业务。国内外废机油再生工艺发展历程见表9.2。

**表9.2　　国内外废机油再生工艺发展历程**

| 时间 | 国外 | 中国 |
| --- | --- | --- |
| 20世纪30年代 | 废机油处理工艺在美国出现。 | |
| 20世纪60年代 | 由于税收和环境的污染使废机油再生技术发展一度受到打击。 | 由于用油量的增加，使得废机油再生技术得到关注。 |
| 20世纪70年代 | 由于石油价格上涨，使得美国政府再度关注废机油再生技术的研究。联邦德国也颁布了相应的法律处罚任意丢弃废润滑油的行为，使得德国的回收公司大大增加。 | 中国石油化工销售公司下属厂为骨干的全面废机油再生系统基本上形成。 |
| 20世纪80年代 | 薄膜蒸馏—加氢技术的KTI工艺在美国诞生。 | 蒸馏—萃取—白土工艺和高温白土工艺这两种无污染工艺在工业上取得应用。 |
| 20世纪90年代至今 | 美国建立了世界上最大的废机油再生厂，采用的蒸馏—加氢工艺使得再生成本有所降低，而且对环境无污染。 | 薄膜蒸馏—糠醛精制—白土工艺应运而生，尽管其回收率高、所用白土少，工业上已有应用。 |

资料来源：根据相关资料整理。

## 9.4 实施产业促进政策

西方国家通过立法明确规定必须对废润滑油进行回收再生，同时制定政策予以鼓励，体现国家大力扶持原则，主要包括税率优惠，基金扶持、政府补助等形式。

美国政府先后通过制定行业标准政策来规范废机油再生市场，通过提高再生燃料标准，对柴油市场进行限制，从而进一步推动再生润滑油的生存环境有所好转。同时，美国政府免去再生润滑油每加仑 6 美分税的政策，增加对再生润滑油厂的信贷，借此增加再生润滑油的竞争能力。

联邦德国对交通用润滑油加征附加税，税款用于对废机油回收和再生的补贴，到 1982 年，其回收率已达 40%。该国对交通用润滑油的消费每吨征 7.5 马克的附加税，专门用于补贴废机油回收再生企业；设立废机油基金，专用于补助废机油回收再生行业及焚烧废物公司。同时，政府还规定产生废机油的用户无偿交出废机油，负责回收者无偿将废机油运走。

意大利实施税收优惠，1962 年免去废机油再生产品税金的 75%，促使废机油再生行业发展。

法国 1975 年制定法律，对润滑油每吨增收 40 法郎的费用，建立废机油回收补助基金，补助废机油回收公司。法国目前有 52 家获政府许可的废机油回收公司，2002 年这些回收公司可以从“法国环保和节能机构”每吨获得 74 欧元的处理费，这些费用来自于征收的污染税，目前润滑油的废机油税为每吨 38 欧元。

苏联也于 1975 年颁布了废机油标准，并采取行政手段促进废机油再生利用。

## 9.5 设立各种协会或研究机构推动行业发展

各国通过设立各种协会或研究机构来推动废机油再生利用行业发展。

美国联邦能源部、标准局和民间的研究机构，开展了大量研究工作，开发能保护环境的再生新工艺，提出再生油的分析测试方法和规格标准。此外，美国加州还设有专门的资源再生利用机构，该机构不仅在加州范围内建立了废机油回收再生体系，同时还负责向公众宣传废弃油品回收的相关知识、帮助地方政府筹措相关项目资金、为相关研究和示范项目提供捐赠和推进政府对废机油回收的立法等工作。

法国设立法国石油研究院（IFP），开发了一系列废机油再生工艺。如在硫酸白土工艺工程中，在酸精制前加一个丙烷净化工序，从而把硫酸量从原来的10%～13%降到2%～3%，白土量也从原来的5.5%～8.5%降到2%～4%，增加再生油回收率。

挪威设立研究理事会，专门从事废机油研究，其经费来自挪威石油能源部的拨款。该理事会通过各研究院、科技大学、工业协会和公司企业等单位，对废机油领域的科学知识进行基础研究，以及从事废机油技术的商业化推广等。

意大利政府于1982年成立了法定废机油协会，其在意大利全境内的任务包括：组织废机油收集，将所收集的废机油运输到再精炼公司，用以生产新的基础润滑油；如果技术上进行再精炼不可行，则将该废机油运输到其他地方进行其他方式的重新利用，优先考虑能源回收更高的方法；确保无法再生或重新利用的废机油进行销毁，且符合相关环保法规。

1986 年，欧洲委员会重申应优先考虑通过再精炼处理废机油，并强调废机油收集和回收过程中的生态和环保因素。意大利政府宣称在比较不同的废机油处理方式时，应优先考虑进行再精炼。政府规定，用燃烧处理废机油的工厂电力应高于 6000 千瓦，且对其排放到空气中的废气进行严格限制。另外，政府还规范利用高温燃烧含有多氯化联（二）苯（PCB）及多氯化三苯（PCT）的废机油。近年来，意大利法定废机油协会的废机油收集系统包括 73 家公司（承包方和收集公司），位于意大利境内。公司使用自己的卡车或通过下家收集商，联络产生废机油的机构并储存废机油。收集而来的废机油被运往法定废机油协会指定的专业仓库储存，如果废机油能够再生，收集商将根据合同预期获得支付。仅有质量较高的废机油才被用于再精炼。如果废机油存在污染无法再生，则收集商将承担高温焚烧废机油的成本，然后再向该废机油的原始持有者收取费用。法定废机油协会将对所收集的废机油进行化学和物理分析，以便进行分类。该分类有助于确定废机油的类型，并相应决定最佳处置方式。

在各国利好政策的支持下，废机油再生利用行业蒸蒸日上，实现了经济效益和环境保护的双赢。据了解，美国加州废润滑油再加工量占润滑油总加工量的 43%，英国和加拿大西部达到了 47%（见表 9.3）。

**表 9.3　　发达国家废机油回收再生利用率**

| 国家 | 废机油回收率（%） | 废机油再生利用率（%） |
|---|---|---|
| 英国 | 76 | 47 |
| 加拿大 | 75 | 47 |

续表

| 国家 | 废机油回收率（%） | 废机油再生利用率（%） |
|---|---|---|
| 德国 | 68 | 59 |
| 澳大利亚 | 65 | 30 |
| 意大利 | 53 | 31 |
| 西班牙 | 47 | 11 |

资料来源：根据各类资料整理。

## 9.6 加强过程管理

德国、日本、美国等国十分重视废机油的过程管理。如美国环境保护署用鉴定码跟踪废机油的去向。运输废机油的运输工具必须要有一个美国保护环境环境署的鉴定码，同时，收集中心和集合点必须使用有环境保护署的鉴定码的运输工具拖运废机油。如果需要注册一个鉴定码，就要联系美国环境保护署地区办公室或者国家总部。废机油量不到55加仑的收集中心、集合点和任何处理厂不需要一个鉴定码，但是需要国家或当地的许可证。

废机油运输者、加工者、焚烧者还必须记录每一次废机油的接受和运输情况。这些记录可以采用日志、货单或者其他运输文件，而且必须保留3年。提纯厂、处理厂、运输公司和焚烧厂必须设置或建有防护系统（例如，密封堤、壕沟或者相关的墙和地板），使废机油在发生泄漏或溢出时不能破坏环境。美国环境保护署还鼓励废机油产生者使用防护系统来防止废机油污染环境。

此外，对于运输过程中发生废机油泄漏和溢出，美国政府还要求按如下方法处理。

第一，采取措施防止废机油泄漏和溢出。妥善保管机器、设备、容器和油箱，而且在运输期间谨慎小心。现场要备有吸附剂。

第二，如果发生泄漏和溢出，要从源头阻断。如果不能阻断容器或油箱的泄漏，就要把废机油转放到好的容器或油箱里。

第三，控制溢出来的废机油。通过撒吸附剂在溢出来的废机油上面或周围区域来控制。

第四，在废机油溢出之前，最好清理和再生利用废机油。如果再生利用不可能，首先要确定该废机油不是非危险废物，并恰当的处理掉。所有用过的清理物，不管是破布还是吸附剂，只要浸有废机油必须依据废机油管理标准处理掉。所有泄漏和溢出的油，在清理时必须按废机油处理。

第五，立即转移、修理或者更换有问题的油箱或者容器。

从上述分析可见，国外在危废润滑油的再生利用方面，既从保护环境、减少污染的角度来考虑，也从节约资源的角度来实施，且立法健全，使得废润滑油不再污染环境，或在废润滑油再生处理时，不再产生二次污染或少产生二次污染，同时也节约了能源，值得我国借鉴。

# 第10章　废电瓶与地沟油再生利用经验可资借鉴

废电瓶与地沟油是非工业领域中比较有代表性的污染物。随着我国经济社会的发展和人民生活水平的提高，这两种污染物的数量迅速增加。由于再生利用和监管不够到位，致使水污染、土壤污染事件时有发生，对人民群众的健康和生态环境造成严重威胁。目前，国家对这两类废物出台了一些处理处置政策，取得一定成效，但仍存在一些有待解决的问题。处理处置这两类废物的经验对于危废润滑油再生利用具有重要借鉴意义。

## 10.1　两类废物来源及其危害

不同于一般意义上的污染物，废电瓶与地沟油具有较高经济价值，潜在收益可观，而且形成了具有相当规模的市场。但如果处理、回收、再生利用不当，会给人类和环境带来极大的危害。

### 10.1.1 废电瓶

电瓶即蓄电池，其工作原理是把化学能转化为电能。我们通常所说的蓄电池是指铅酸蓄电池，即一种主要由铅及其氧化物制成，以稀硫酸溶液作为电解质。铅酸蓄电池是现今应用广泛的一种储备电源，各种车辆、船舶、铁路、矿山、通讯等领域都大量使用电瓶。由于硫酸盐化，90%以上的电瓶实际寿命为1～2年。有关资料显示，我国每年报废的电瓶达8000多万只。[①]

废电瓶里含有大量重金属汞、镉、锰、铅等。在1971年召开的国际环境会议上，提出了对环境污染最严重的五大害：镉、汞、铅、滴滴涕（DDT）和多氯联苯（PCB），其中与电瓶污染相关的就有三种。废电瓶被日晒雨淋后表层会腐蚀破裂，其中的成分会渗透到土壤和地下水，人们一旦食用受污染的土地生产的农作物或饮用了受污染的水，有毒的重金属就会进入人体内，慢慢的沉积下来，对人们健康造成极大威胁。人类食用了体内含有重金属的鱼、虾后，也会导致重金属在体内积蓄，达到一定量后，会对人体产生严重破坏。[②]

### 10.1.2 地沟油

地沟油泛指在生活中存在的各类劣质油，可分为三类：一是狭义的地沟油，即将下水道中的油腻漂浮物或者将宾馆、酒楼的剩饭、剩菜（通称泔水）经过简单加工、提炼出的油；二是劣质猪肉、猪内脏、猪皮加工以及提炼后产出的油；三是用于油炸食品的油使用超过一定次数（或时间）后，再被重复使用或往其中添加一些新油后重新使用的油。据估计，我国每年返回餐桌的地沟油有

① http：//www.3159.cn/jieneng/n2013031537485.html。

② http：//www.qipei168.com/news/show.php？itemid＝55。

200万~300万吨，而我国一年的动植物油消费总量大约是2250万吨[①]，也就是说每吃10吨油就可能有1吨是地沟油。而如果将地沟油转化为燃油及其他油品，不但能避免资源浪费，还可以造福人类。

在炼制地沟油的过程中，动植物油经污染后发生酸败、氧化和分解等一系列化学变化，产生对人体有重毒性的物质，砷，人一旦使用砷量巨大的地沟油后，会引起消化不良、头痛、头晕、失眠、乏力、肝区不适等症状。地沟油中含有的大量细菌、真菌等有害微生物一旦到达人的肠道，轻者会引发腹泻，重者则会引起恶心、呕吐等一系列肠胃疾病。地沟油中混有的大量污水、垃圾和洗涤剂，经过地下作坊的露天提炼，根本无法除去细菌和有害化学成分。所有的地沟油都会含铅量严重超标，而食用了含铅量超标的地沟油做成的食品，则会引起剧烈腹绞痛、贫血、中毒性肝病等症状。地沟油中含有的黄曲霉素、苯并芘都是致癌物质，可以导致胃、肠、肾及乳腺、卵巢、小肠等部位癌变。

通过以上分析可以看出：在来源上，废电瓶来源比较集中，地沟油来源则比较分散，管理难度很大。在组成成分上，二者均含有毒成分，同属于《国家危险废物名录》所列的危险废物，但地沟油成分相对复杂。在回收价值上，它们均具有较大的回收利用价值，处理得当，会避免资源浪费，造福人类；处理不当，都会对人类和生态环境造成很大危害。在危害方面，地沟油与人们的生活直接相关，对人体直接造成伤害，社会关注度比较大。废电瓶对人体的伤害一般是通过环境污染、饮用水污染等间接对人体造成伤害。

---

① 39健康网：http：//news.39.net/zt/2011629/1734432.html。

## 10.2 两类废物市场现状

10.2.1.1 废电瓶市场规模

据统计，我国电动自行车生产厂家已达2000多家，电动车保有量在2亿辆以上，且依然保持每年20%的增速。目前，实际使用的电动车中，其动力电池绝大多数是铅酸蓄电池，占90%以上。每辆电动车配备12至16公斤的铅酸蓄电池，电池寿命在2年左右，因而我国可年均产生150万至200万吨废铅蓄电池[①]。

从废铅酸蓄电池等含铅废料中回收铅资源，可减少原生铅矿开采量。再生铅能耗仅为原生铅能耗的25.1%～31.4%，每生产1吨再生铅，可节约1.36吨标准煤，减排固废98.7吨，节水208吨，减排二氧化硫0.66吨，大大减少铅废料对环境的污染和资源浪费。我国是铅酸蓄电池制造、消费大国，铅酸蓄电池含铅量约占电池总重量的60%以上，目前铅酸蓄电池行业中消耗的总铅量约有85%以上来源于废铅酸蓄电池。再生铅行业原料中废铅酸蓄电池约占95%以上。[②] 因此，从废铅酸蓄电池中回收利用铅资源既十分必要，又具有较高经济价值，已成为循环经济热点，在铅工业中占有重要地位，世界各国对此都十分重视。

10.2.1.2 地沟油市场规模

地沟油经过过滤、加热、滤渣及脱水等一系列工序之后，会变成生物柴油，而这些生物柴油可以百分之百替代石化柴油，与石化柴油按不同比例混合后，还可以作为柴油车、大型工程机械动力用

---

① 中国废旧物资网：http：//www.cnfjwz.com/news/191.html。

② 中国废旧物资网：http：//www.cnfjwz.com/news/191.html。

油。这既可以减少废弃物的排放，又能有效地替代石化燃料，缓解能源危机，还能够有效避免地沟油重返餐桌从而危及人们的健康①。

据估算，目前每1万人每天可以产生1吨食品垃圾，而这些食品垃圾在经过洗涤、蒸馏、脱色、脱臭等加工流程后，可以产出0.13吨地沟油，当它返回到农贸市场出售时，价格是普通食用油的一半。综合统计结果显示，国内地沟油一年的总利润能达到15亿~20亿元。② 因此，地沟油处理市场规模是巨大的，存在很大的利润空间。

## 10.3　国家治理政策

国家对于废电瓶和地沟油的危害高度重视，积极治理，取得了良好效果。对这两类废物治理的政策措施，以及各地的实践对于废机油治理具有重要启示和借鉴意义。

### 10.3.1　废电瓶治理政策

2003年10月，国家环保总局、国家发改委、建设部、科技部、商务部联合发布《废电池污染防治技术政策》，文件规定：电动车生产企业必须承担废旧蓄电池的回收责任，建立与销售点配套的废旧蓄电池回收系统，也可委托销售商或专业的回收单位进行收集。

废铅酸蓄电池应当按照危险废物进行管理。废铅酸蓄电池的收集、运输、拆解、再生铅企业，应当取得危险废物经营许可证

① 中国网山东频道：http：//sd.china.com.cn/a/2015/hbny_ 0413/216513.html。

② 39健康网：http：//news.39.net/zt/2011629/1734432_ 1.html。

后方可经营或运行。废铅酸蓄电池回收拆解应当在专门设施内进行，在回收拆解过程中应该将塑料、铅极板、含铅物料、废酸液分别回收、处理。废铅酸蓄电池中的废酸液应收集处理，不得将其排入下水道或排入环境中。不能带壳、酸液直接熔炼废铅酸蓄电池。

在废铅酸蓄电池的回收冶炼企业中规定，首先，企业应满足铅回收率大于95%；再生铅的生产规模大于5000吨/年。并强调，本技术政策发布后，新建企业生产规模应大于1万吨/年；再生铅工艺过程采用密闭熔炼设备，并在负压条件下生产，防止废气逸出；具有完整废水、废气的净化设施，废水、废气排放达到国家有关标准。

#### 10.3.2 地沟油治理政策

在国家层面，2010年3月18日，国家食品药品监督管理局办公室发布了《关于严防“地沟油”流入餐饮服务环节的紧急通知》（食药监办食〔2010〕25号）。卫生部发布的《餐饮服务许可管理办法》和《餐饮服务食品安全监督管理办法》已于2010年5月1日起正式施行。2010年5月4日，国家发展和改革委员会、住房和城乡建设部、环境保护部、农业部发布《关于组织开展城市餐厨废弃物资源化利用和无害化处理试点工作的通知》（发改办环资［2010］1020号）。国务院办公厅2010年7月13日发布了《国务院办公厅关于加强地沟油整治和餐厨废弃物管理的意见》（国办发〔2010〕36号）针对“地沟油明确提出要开展专项整治，严厉打击非法生产销售油处理的第一部法规，为地方整治地沟油市场提供了依据。具体要求规范“地沟油”行为，严防“地沟油”流入食品生产经营单位。规范餐厨废弃物处置、收运管理，严肃查处有关违法违规行为，推进餐厨废弃物资源化利用和无害化处理。

同时，地方也出台相关政策。如浙江省宁波市早在2006年就实施了《餐厨垃圾管理办法》，规定宁波市区饭店、食堂的餐厨垃圾将实行统一收运、集中无害化处置，以便从源头上封杀地沟油。北京市2011年实施了《餐厨垃圾和废弃油脂排放登记管理暂行办法》，其中规定，餐饮服务单位应当委托有资质的企业和单位承担餐厨垃圾和废弃油脂的收集运输和处理。收运单位应当将餐厨垃圾和废弃油脂运到规定的地点进行资源化处理，并实行登记制度。

为切实维护人们健康，打击犯罪行为，最高人民法院、最高人民检察院、公安部于2012年1月9日联合下发了《关于依法严惩"地沟油"犯罪活动的通知》，要求各级人民法院、人民检察院、公安机关依法严惩"地沟油"犯罪活动。强调，对"地沟油"犯罪定罪量刑时，要充分考虑犯罪数额、犯罪分子主观恶性及其犯罪手段、犯罪行为对人民群众生命安全和身体健康的危害、对市场经济秩序的破坏程度、恶劣影响等。对于具有累犯、前科、共同犯罪的主犯、集团犯罪的首要分子等情节，以及犯罪数额巨大、情节恶劣、危害严重，群众反映强烈，给国家和人民利益造成重大损失的犯罪分子，依法严惩，罪当判处死刑的，要坚决依法判处死刑。2013年5月3日，最高人民法院召开新闻发布会，通报《最高人民法院、最高人民检察院关于办理危害食品安全刑事案件适用法律若干问题的解释》有关情况。根据新颁布的《关于办理危害食品安全刑事案件适用法律若干问题的解释》，利用"地沟油"加工食用油等，将适用刑法规定的在"生产、销售的食品中掺入有毒、有害的非食品原料"进行定罪。

## 10.4 两类废物处理技术与方法

### 10.4.1 废电瓶处理技术与方法

2012年以来，我国再生铅企业技术装备升级步伐明显加快，一方面自主开发的国产化废铅蓄电池处理设备和清洁生产技术得到推广应用。另一方面已引进8条废铅蓄电池破碎分选预处理生产系统和2条年产10万吨以上再生铅的完整生产线。但绝大部分再生铅小企业设备陈旧、技术落后，二次污染十分严重。

### 10.4.2 地沟油处理技术与方法

地沟油含有大量致癌物质，来源极其分散，管理难度大。在技术层面上，生物柴油是解决地沟油问题的有效途径，但由于工艺比较复杂，成本高，正规企业生存艰难。目前，大部分地沟油流向小作坊式的地下交易，卫生难以保证，回流餐桌现象时有发生。

从以上分析可以看出：在市场规模上，废电瓶与地沟油的回收利用均具有很大的市场规模，潜在收益可观；在利用率方面，二者均比较低，非法回收占比较大；在政策方面，均有相应的法律监管体系和市场管理办法；在处理技术方面，地沟油有一套比较完善、成熟的技术和方法。

## 10.5 两类废物再生利用存在的主要问题

废电瓶、地沟油两类废物治理中仍然存在一些问题，这些问题从行政管理的角度都具有相通性，故可在废机油治理中引以为鉴。

### 10.5.1 废电瓶再生利用存在的主要问题

近年来，我国各地“血铅”事件频发且愈演愈烈，其中一个重要原因就是废旧铅酸蓄电池回收过程处于无序流转、粗放式加工、未经处置随意丢弃、排放的混乱状态。为此，国家环保部2011年专门发出《关于加强铅酸蓄电池及再生铅行业污染工作的通知》，进行治理。但是，由于铅酸电池使用广泛及使用单位分散，废旧电池污染周期长，隐蔽性大，全国尚未形成规范的防治体系，因此，废旧铅酸蓄电池在回收过程中的污染状况仍是触目惊心。

目前，废旧铅酸蓄电池的回收循环过程（见图10.1）存在很多问题，主要有：

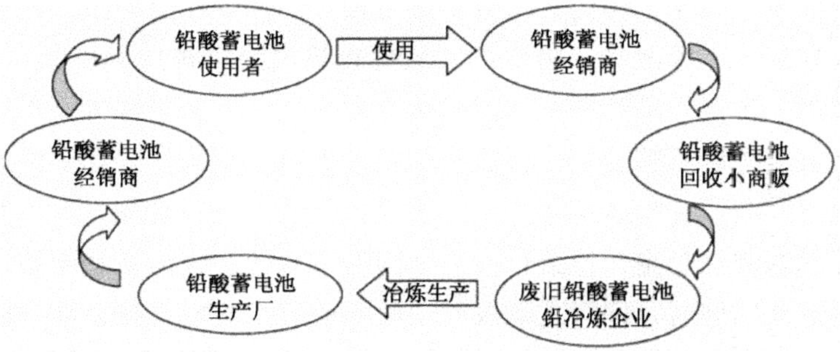


图10.1　废电瓶回收循环过程

回收渠道分散无序，合法企业竞争不利。我国废铅酸蓄电池产出量以机动车、电动车、基站为主，分别占33%、40%、27%，正规企业回收率不足30%. 由于消费群体相对分散、回收市场不够规范，多家收购、多管齐下、分散经营，废铅酸蓄电池回收渠道混乱无序，形成了回收主体之间抢夺资源的局面。但个体回收商无税销售，部分非法经营的小再生铅厂以牺牲环境为代价，两者生产成本较低，赢利能力和市场竞争力较强，打乱了行业正常的废电池回收链，而正规合法企业因税收压力无法与之竞争，导致大部分废铅酸蓄电池流向小再生铅厂，规模企业远未达设计产能。

处理技术良莠不齐，污染能耗不容乐观。一是收集过程。目前大部分正规企业有一定保护措施，但成千上万个体收购者仍是废铅蓄电池收集的主力军，基本未采取相应的环保措施，酸液随意倾倒，普通车辆运输，专用包装缺乏，存在极大的环境污染和安全隐患。二是拆解过程。国内大部分小再生铅厂没有机械破碎设备，几乎都是人工随意粗放式拆解，也没有防污措施，酸液随意排放，地表腐蚀严重，对其他无回收价值的废物随意丢弃或填埋，严重污染了环境。三是冶炼过程。除规模企业推广应用废铅蓄电池处理设备和清洁生产技术，国内大部分小再生铅厂，环保设施简陋，废气未经处理直排，铅蒸气、铅尘、二氧化硫超出国家排放标准几十倍，能耗高，环境污染严重。

法规机制不够健全，回收利用缺乏保障。我国尽管针对废铅蓄电池回收利用，出台了相关法律法规，但缺乏统一管理、具体实施措施和强制性规定，导致行业内全国性正规的回收体系和网络迟迟未能建立。同时，国家在财政、税收等政策方面的支持力度有待加大，相关体制机制建设还不够完善，特别是地方保护主义严重，对当地违法违规企业监管不力，导致相关法律法规执行不到位等一系列问题，严重影响了我国再生铅行业良性发展。

### 10.5.2 地沟油再生利用存在的主要问题

由于地沟油转化为生物柴油的工艺比较复杂，成本较高，市场竞争优势较弱，加之资本的逐利性和政府监管的缺失，使得一些个人和正规企业纷纷开展炼制或收售劣质地沟油的违法业务。目前，地沟油有五大流向：一是酒楼→收集者→酒楼、餐馆（低价购买）→顾客餐桌；二是生产矿山选矿捕收剂（新技术）；三是养殖场（牲畜的饲料）；四是化工厂（生产化工产品）；五是工厂和学校食堂。

## 10.6　两类废物再生利用的国际经验

在西方发达国家，在废电瓶和地沟油处理和再生利用方面已经有了一套比较成熟的管理制度和工艺技术，对我国废机油的回收与再利用具有一定的借鉴意义。

### 10.6.1　废电瓶再生利用的国际经验

美国。美国是在废旧电池环境管理方面立法最多最细的一个国家，不仅建立了完善的废旧电池回收体系，而且建立了多家废旧电池处理厂。

德国。德国要求消费者将使用完的各种类型的电池送交商店或废品回收站回收，商店和废品回收站必须无条件接受废旧电池，并转送生产厂家进行回收处理。还要求商店和废品回收站必须担当起区分有毒电池和无毒电池的责任，并对有毒性的镍镉电池和含汞电池实行押金制度，消费者拿旧电池来换时，可以自动扣除押金。

日本。日本的野村兴产株式会社每年从全国收购的废旧电池达13000吨，占全国废弃电池的20%。野村兴产是一个民营企业，日本政府对它没有投入一分钱，但日本电池工业协会提供了很大帮助，与日本各大厂家进行协调进行一些资金补偿。对其他电池如铅酸电池，日本可做到100%回收。

另外，有的国家还制定了一些相关的政策。如美国、日本废旧电池回收后交到企业处理，每处理一吨政府给予一定补贴；韩国生产电池的厂家，每生产一吨要交一定数量的保证金，用于回收者、处理者的费用，并指定专门的工厂进行处理。还有的国家对电池生产企业征收环境治理税或对废旧电池处理企业进行减免税等。

10.6.2 地沟油再生利用的国际经验

日本高价回收地沟油当燃料。首先，日本政府高价回收地沟油。其次，回收来的地沟油中立刻加入蓖麻油以防重新被食用。专业公司要将回收的地沟油加工成可供垃圾车燃烧的生物柴油，因此，通常情况下，他们会在第一时间往回收来的地沟油中加入一定比例的蓖麻油，蓖麻油是完全无法食用的，这样，不仅方便了日后提纯时使用，还从根本上防止了地沟油重新流向餐桌。最后，对食品卫生非常苛刻的社会舆论监督。日本社会对食品卫生有着极其敏感的神经。在日本，一旦发生类似地沟油流入食品企业的事件，除了企业有关人员会受到法律严惩之外，企业肯定会因失去顾客而倒闭。在这种情况下，用地沟油加工食品，社会成本之高让违法犯罪者望而却步。

在美国如果商铺乱用乱卖地沟油得关门。美国地沟油回收主要经过两个步骤。在餐馆和家庭厨房的洗碗槽下方都装有“厨房废物粉碎机”。第一步，人们需要进行初次筛选，先将那些肉渣、菜叶之类不太油腻的食物，通过这个机器直接打碎后从下水道排出；第二步，那些油分含量高的食物不能放入粉碎机，而是需要专门收集起来，倒入专用垃圾桶里，等待专门的公司前来回收。很多社区里都设有一种全封闭的垃圾桶，用来专门盛放地沟油。这些桶里的地沟油将统一由美国地沟油回收公司进行回收。这些公司必须取得卫生和环保部门颁发的经营许可证，并拥有专业的运输、回收及加工设备。公司会定期从餐馆和居民区回收地沟油。餐馆如果私自将地沟油卖给其他机构或个人，一经发现，将被停业。

德国每桶泔水都有“身份证”。德国的每一桶泔水都有一张“身份证”，从产出、回收到利用都严格记录在案。任何一个环节出问题，很快就能查明。德国在20世纪70年代也出现过地沟油横行的情况。不法商贩把地沟油再加工后悄悄卖给餐馆，二次使用。此后，德国政府及时推出泔水回收的法律，对其进行跟踪监督，效果明显。德国餐馆必须与政府签订“泔水回收合同”，详细规定了泔水由哪家企业回收、何时回收、回收后由谁加工等。同时，开餐馆前，必须购置油水分离的设备。分离出来的油由政府特批的公司统一回收，这些公司许多都是上市企业，规模很大。回收来的地沟油，除了制成生物柴油外，不少企业还从中提炼出特殊成分，用于生产化学品、有机肥料等。德国地沟油回收利用率已达到100%。

英国专设地沟油垃圾桶。英国政府制订了一项餐饮地沟油回收计划。英国大部分住宅集中区，都设有一个蓝色的大型地沟油收集桶，专门用来回收地沟油，附近小区的居民都可以将自家使用过的地沟油用玻璃瓶收集起来，统一倒在桶里。桶内可存放1000升油。在油桶上方，安装有一个过滤网，方便居民过滤食物残渣。英国对于餐饮行业地沟油的处理办法是：先将地沟油倒入政府免费发放的容器中，再由政府认可的公司负责收集，最后将这些油加工成可利用的生物柴油等产品。无论数量多少，都不允许将地沟油、油脂和脂肪倒入水槽，否则将被处以高额罚款。

新西兰所有泔水先粉碎。新西兰政府规定，地沟油不允许倒入水槽或是厕所，无论数量多少，无论是在餐厅还是家里。因为其中的油脂会阻塞管道、污染水源、破坏生态环境。新西兰餐馆的厨房里，都安装有食物垃圾处理机以及油脂分离装置。居民家庭厨房里也装有食物垃圾处理机，安装于厨房水槽下，与排水管相连。每几户人家房子下面有一个简易的油脂过滤装置，分离烹调以后的地沟油脂。地沟油回收公司提供上门服务，他们用移动的专业过滤设备，上门为餐馆或家庭进行地沟油过滤并清洗油桶。

从以上分析可以看出，废电瓶和地沟油的再利用关乎人们的身体健康和生态环境的保护，能避免资源的巨大浪费。基于以上分析，我国可以借鉴的经验归纳为：一是完善政策法规；二是加强流通控制；三是创新社会管理；四是加大宣传力度。

# 第11章 危废润滑油再生利用生产技术工艺创新最新进展：以上海通凌为例

## 11.1 危废润滑油再生利用技术进步

### 11.1.1 创新技术的进展与现状

根据我国现行法规，废机油范畴包含了所有的废矿物油，危废润滑油也在其中。但危废润滑油的产生有它的特殊性，且数量巨大。危废种类繁多，大多有资质的危废处置企业并非只有对处置HW08类的单一业务。环保主管部门对企业经营废物的类别和规模有严格限制。现具有危废处置许可资质的企业，只有极少数。这些企业具备条件对危废润滑油做终端处置，把它提炼成达标的润滑油返销成品油市场，大多数企业只是对危废润滑油做简单的处置作为燃料油二次使用，甚至部分原料经转手后再进行简单处理，由此造成更为严重的二次污染。

据了解，上海市通凌新能源科技发展有限公司（以下简称“上海通凌”）在该领域取得了不少科技成果。自2010年始，该公司在危废润滑油再生利用方面，投入了大量的人力、物力，并与中国科学院上海高等研究院合作完成了大量基础研发项目。目前该公司拥有十几项独立研发并具有完全自主知识产权的发明专利，其创立的“以改变导热载体、间接升温、常减压串联的新型蒸馏工艺技术”为国内首创，并达到国际领先水准。现为“上海市高新技术成果转化项目”（项目编号201012565），属国家鼓励性项目。2014年7月，经中国科学院上海科技查询咨询中心及上海市科技查询咨询中心再次认证，该技术目前依然属于国内先进水平。在技术创新的同时，该公司对危废润滑油再生利用行业所涉及的生产工艺、工艺流程及产品技术规范、标准，全面系统地制订了技术说明和产品质量标准。

11.1.2　上海通凌新型技术的先进性

上海通凌“釜式蒸馏利用熔盐为导热载体以改变传统工艺的导热方式，常减压串联的新型蒸馏工艺”，不但运用在危废润滑油再生利用及炼油行业，该技术也涉及其他化工领域的应用，其技术先进性主要表现为：

第一，国内尚无科学、完整处理危废润滑油的工艺。本方案完整提出了危废润滑油处理的全套工艺方案。

第二，釜式减压蒸馏技术运用到废机油处理乃至炼油行业，属国内首创。釜式蒸馏能较好的分割馏分，保证产品馏程。在减压条件下生产，可降低所需求的蒸馏温度，从而提高产品的抗氧化性，降低产品色度。

第三，危废润滑油通过釜式减压蒸馏，保证产品不发生裂解等不良化学反应，从而延续了原润滑油的所有特性，产品质量可完全达到国家标准。

第四，在危废润滑油中经常含有一定量的轻质化工洗涤油，传统的塔式提炼工艺因涉及该原料的特殊性而无法回收这些轻质化工油，釜式蒸馏可完全将这些组分回收，并再生利用。

第五，利用熔盐作载热体，且运用到废机油处理及炼油行业，属国内创新，并突破了传统导热油作热载体的温度限制。减压蒸馏的终馏温度控制在400℃左右，稍低于润滑油裂解温度，既使润滑油不发生裂解，又能将润滑油的有效组分完全提炼出来。

第六，本方案突破了传统炼油的惯例，传统炼油都是在高温裂解条件下才能提高获得率，但产品质量较差，损耗很大。本方案在稍低于裂解温度的条件下，通过纯减压蒸馏手段，既保证得率，又保证产品质量。为国内首创。

第七，危废润滑油中含有一定量的化学添加剂、金属粉尘等不良物质，在焦化裂解时，这些物质极易与润滑油产生有害的化学反应，产生对油品质量影响较大的不良物质。经多年研究，利用新型吸附剂，用吸附方法，可有效除去危废润滑油中的化学添加剂、金属粉尘等不良物质。保证了再生润滑油的油品质量。而且釜底渣油因无化学添加剂、金属粉尘等不良物质，完全达到重油国家标准。

第八，常压蒸馏系统与减压蒸馏系统安全联用的方式为国内首创，它不仅解决了反应物料在高温负压条件下安全转换的技术难题，其意义在于实现了工业化生产中不间断的连续操作，以及热能的综合循环利用。为节约能耗提高生产效率无疑是此项技术的关键所在。

从表11.1可以看出，项目方利用先进生产工艺、设备装置，采用成熟可靠的化工手段，对危废润滑油再加工，润滑油综合利用率达到100%，无任何资源浪费，无二次污染，产品质量完全达到国家标准，是国内目前废机油再生利用最先进的生产工艺，且技术成熟稳定。废机油再生工艺采取常减压釜式蒸馏工艺，废机油的综合利用率接近100%，比同类型企业高出30%，并能充分利用废热能源，比同类型企业减少50%的能耗支出。

表 11.1　　新技术产品与国内同类产品的性能比较

| 比较项目 | 项目方产品 | 国内外同类产品 |
| --- | --- | --- |
| 常减压釜式蒸馏技术 | 应用到废机油处理乃至炼油行业为国内首创 | 未见 |
| 载热体 | 减压蒸馏，利用溶盐作载热体，且运用到废机油处理及炼油行业，国内首创。 | 未见 |
| 终端温度 | 控制在400℃左右 | 380℃～400℃ |
| 废机油的综合利用率 | 100% | 接近70% |

综上所述，本项目的综合技术在国内外未见有完全相同或类似的报道，因此，该项目总体处于国际先进水平。①

## 11.2　工业设备的备制与技术说明

### 11.2.1　工艺流程说明

#### 11.2.1.1　危废润滑油的预处理

（1）危废润滑油通过最新颖的谐振波技术，达到破乳并脱去乳化水目的。

（2）通过塔式循环与高温深冷液相分离技术，分离化学添加

① 资料摘自“上海市高新技术成果转化项目查新处”。

剂及化学聚合物。

（3）通过极性电离，分离金属粉尘与金属离子。

11.2.1.2　蒸馏工艺简述

经预处理后的危废润滑油由进料泵送至常压蒸馏釜，用导热油炉加热，逐步升温至180℃，釜顶抽出物料经冷凝器冷凝后出至轻油中间罐。釜底物料吸入减压蒸馏釜，用熔盐炉加热，出料管指向15#中间罐，保持釜顶真空度－0.088Mpa，逐步升温至220℃，并维持15分钟，釜顶抽出物料为15#馏分油组分，经冷凝后，进入液封管并溢流至15#燃料油中间罐出装置，将出料管指向32#中间罐，保持釜顶真空度－0.090Mpa，逐步升温至260℃，并维持20分钟，釜顶抽出物料为32#馏分油组分，经冷凝后，进入液封管并溢流至32#燃料油中间罐出装置，将出料管指向46#中间罐，保持釜顶真空度－0.092Mpa，逐步升温至300℃，并维持30分钟，釜顶抽出物料为46#馏分油组分，经冷凝后，进入液封管并溢流至46#燃料油中间罐出装置，将出料管指向100#中间罐，保持釜顶真空度－0.095Mpa，逐步升温至350℃，并维持30分钟，釜顶抽出物料为100#馏分油组分。经冷凝后，进入液封管并溢流至100#润滑油中间罐出装置，釜底重油等真空进入重油中间罐，冷却至100℃以下进罐区。

11.2.1.3　主要工艺技术参数

主要工艺技术参数见表11.2。

**表11.2　　工艺技术参数**

| 工艺控制点 | 温度（℃） | 压力 Mpa（A） |
|---|---|---|
| 进料泵前 | 20 | 0.2 |
| 常压蒸馏釜 | 20～180 | |

续表

| 工艺控制点 | 温度（℃） | 压力 Mpa（A） |
|---|---|---|
| 常压塔顶油气 | 160 | 0.135 |
| 经冷凝冷却后 | 40 | |
| 常压塔顶油出装置 | 40 | |
| 减压釜塔顶 15#油 | 140～220 | -0.088 |
| 经冷凝冷却后 | 50 | |
| 减压釜塔顶 32#油 | 220～260 | -0.090 |
| 经冷凝冷却后 | 60 | |
| 减压釜塔顶 46#油 | 260～300 | -0.092 |
| 经冷凝冷却后 | 60 | |
| 减压釜塔顶 100#油 | 300～350 | -0.095 |
| 经冷凝冷却后 | 60 | |
| 减压釜底重油 | 350 | |
| 经冷却后 | 100 | |

### 11.2.2 工业产品的技术质量标准

#### 11.2.2.1 上海通凌再生润滑油组分系列产品技术质量标准

再生润滑油组分系列产品：15 号、32 号、46 号、100 号。

产品型号：润滑油 TL—15 号，TL—32 号。TL—46 号，TL—100 号。

生产方式：本产品以危废润滑油为生产原料，经脱水、脱金属粉尘与金属离子后再经高温蒸馏切割而成。

依据标准：GB443—1989，《L— AV 全损耗系统用油》技术指标

产品性能：具有良好的润滑性，抗氧化性，质量稳定。

产品用途：本产品具有原油工艺生产而成的润滑油组分所具备

原有特性，可用于低负荷机械润滑部件的全损耗系统用油及生产制作其他润滑油产品等多种用途。详细技术质量标准见表 11.3。

**表 11.3　　润滑油组分系列产品技术质量标准**

| 项　目（品种） | 技术质量标准（润滑油组分系列产品） | | | | 试验方式 |
|---|---|---|---|---|---|
| 黏度等级（按 GB—3141） | TL—15 | TL—32 | TL—46 | TL—100 | |
| 运动黏度（（40℃）/ mm²/s)) | 13.5 ~ 16.5 | 28.8 ~ 35.2 | 41.4 ~ 50.6 | 90.0 ~ 110 | GB/T 265 - 88 |
| 色度（最大值） | 1.5 | 3.0 | 4.5 | 5 | ASTM D1500 |
| 密度（20℃）/（kg/m³） | 实测 | 实测 | 实测 | 实测 | GB/T 1884 - 83 |
| 闪点（开口）（℃） | 不小于 150 | 不小于 160 | 不小于 160 | 不小于 180 | GB/T 3536 - 83 |
| 黏度指数 | 实测 | 实测 | 实测 | 实测 | GB/T 1995 - 88 |
| 倾点（℃） | 不高于 -5 | 不高于 -5 | 不高于 -5 | 不高于 -5 | GE/T 1995 - 83 |
| 水溶性酸和碱 | 无 | 无 | 无 | 无 | GE/T 259 |
| 中和值/（mgKOH/g） | 报告 | 报告 | 报告 | 报告 | GE/T 4945 |
| 机械杂质（%） | 无 | 不大于 0.05 | 不大于 0.07 | 不大于 0.07 | GE/T 511 |
| 水分（%） | 不大于痕迹 | 不大于痕迹 | 不大于痕迹 | 不大于痕迹 | GB/T 260 |
| 腐蚀试验（铜片。100℃，3h）（级） | 小于 1 | 小于 1 | 小于 1 | 小于 1 | GB/T 5096 |
| 苯胺点 | 实测 | 实测 | 实测 | 实测 | GB/T 260 |

时间：2015 年 2 月 28 日

11.2.2.2 上海通凌再生轻质燃料油产品技术质量标准

产品名称：再生轻质燃料油（DMA）

依据标准：本产品的质量执行 GB447—77（88）标准

生产方式：本产品为再生润滑油生产过程中减压一线之前的轻质组分精制而成。

产品性能：为黄色可燃液体。具有十六烷质高，燃烧性能好，硫含量低。腐蚀性小等特点。

产品用途：主要用于船用柴油发动机及其他低速发动机。

详细技术质量标准见表 11.4。

**表 11.4 再生轻质燃料油（DMA）产品技术质量标准**

| 项 目<br>（产品及产品型号） | 技术质量标准<br>（燃料油 DMA） | 试验方式 |
|---|---|---|
| 运动黏度（50℃/（$mm^2$） | 不大于 13.5 | GB/T 265 |
| 闪点（闭口）（℃） | 不低于 55 | GB/T 261 |
| 残炭（%） | 报告 | ZBE 30001 |
| 灰分 | 不大于 0.04 | GB/T 508 |
| 密度（20 ℃）/（$kg/m^3$） | 实测 | GB/T 1885 |
| 凝点（℃） | 不低于 5 | GB/T 510 |
| 颜色/色号 | 不大于 3 | ASTM D1500 |
| 硫含量（%） | 不大于 0.5 | GB/T 387 |
| 水溶性酸或碱 | 无 | GB/T 259 |
| 水分（℃） | 不大于 0.5 | GB/T 260 |
| 腐蚀试验（（铜片，50℃，3h）/级） | 不大于 1 | GB/T 5096 |

时间：2015 年 2 月 28 日

11.2.2.3　上海通凌再生燃料油产品的技术质量标准

产品名称：180号再生炉用燃料油

依据标准：本产品的质量执行SH/T 0356—96行业标准。

生产方式：本产品为再生润滑油经减压抽提后的残油二次加工所得。

产品性能：为黑褐色粘稠状可燃液体，燃烧性能好，发热量大。

产品用途：适用于工业炉用燃料。

详细技术质量标准见表11.5。

**表11.5　再生燃料油产品的技术质量标准**

| 项　目（产品及产品型号） | 技术质量标准（180号炉用燃料油） | 试验方式 |
|---|---|---|
| 恩氏黏度/°E | | GB/T 266 |
| 100℃ | 不低于9.5 | GB/T 266 |
| 闪点（开口）（℃） | 不低于80 | GB/T 267 |
| 凝点（℃） | 不高于25 | GB/T 510 |
| 灰分（%） | 不大于3.0 | GB/T 508 |
| 水分（%） | 不大于2.5 | GB/T 260 |
| 密度（20℃）/（$kg/m^3$） | 实测 | GB/T 1884 |
| 硫含量（%） | 不大于3.0 | GB/T 387 |
| 机械杂质（%） | 不大于3.5 | GB/T 511 |

时间：2015年2月28日

## 11.3 上海通凌危废润滑油（收运处置）在线监控监管的设计方案

### 11.3.1 危废润滑油处理管理方案

#### 11.3.1.1 制定危废润滑油处理管理方案的必要性和可行性

润滑油广泛用于各种机械设备中。它可以减少机件磨损、保证机器正常运转，延长机器的使用寿命。润滑油在使用过程中，受到氧化作用生成的各种氧化变质产物，例如羧酸、有机酸的盐类、炭渣、油泥等均积聚在油中，使油的各项理化性质起了变化。另外在使用中夹带或因泄漏而进来的灰尘杂质以及水等也会降低油品质量，因此达到油品规定的换油指标，必须及时更换，才能使设备长期安全运行。

废机油由于品质变差而常常被废弃或者焚烧，对环境造成了破坏。为了防止废机油污染环境，许多国家均颁布了废机油处理法规，严禁任意排放废机油或焚烧废机油，必须送往指定工厂进行处理。

有数据表明，一桶废机油如流入江河湖海就能污染近 3.5 平方公里的水面，影响水生动植物的生长或造成其大量死亡，破坏生态平衡，同时也会污染人类的生活用水。假若把废机油作为粗面涂抹（例如浇铺路面）或土壤覆盖等，则最终仍会流入土地和水系，对土壤和地下水造成污染。而随意焚烧废机油，则含于废机油中的金属微粒与燃烧产物会直接毒化空气环境，造成大气污染。

废机油油品的变质只是其中少部分烃类，其余大部分烃类仍是润滑油的主要黏度载体，只要除去变质物及杂质，就能把废机油再生成质量符合要求的基础油，然后按照需要加入各种添加剂后即可制得所需要的成品润滑油。因此，世界各国废机油的再生利用很重视，废机油再生量占润滑油总消费量的20%～38%。另外，从加工工艺角度看，废机油再生也有一定优点，因为从原油中提取润滑油，工艺复杂，投资较大，要经过常减压蒸馏、脱沥青，溶剂精制、溶剂脱蜡、白土或加氢补充精制等工艺过程，是一个耗能高的工业；相反，废机油再生的工艺可以视废机油污染的程度采取灵活工艺，但均不须脱蜡等，工艺相对较简单，投资也少，又解决了宝贵石油资源的深层次利用问题。

因此废机油再生利用有着十分重要的意义，首先是节约能源变废为宝，有利于石油资源的充分利用。其次是废机油再生也有利于防止环境污染，对于避免土壤水域受污染以及生态平衡等均会带来较大社会效益，有时甚至是无法估算的益处。

据测算，目前我国汽车、船舶和飞机火车等大型机械每年产生的废机油达400万吨以上，回收利用率只有20%。根据《中华人民共和国固体废物污染环境防治法》、《危险废物经营许可证管理办法》、《危险废物转移联单管理办法》等规定，废机油、柴油、重油等均属于国家规定的危险废物。产生危险废物的单位和个人，必须向环境保护行政主管部门申报危险废物的种类、产生量、流向、贮存、处置等有关资料，并按国家有关规定处置危险废物。被划为有毒废弃物、严令禁止无资质商户回收处理的废机油，但是目前未被合法回收的废机油已形成一个巨大的地下交易链。通过黑市“中转”，很多废机油流入小炼油厂，被再次提炼成燃料油、“翻新”机油，相当一部分翻新机油，被装入新的名牌包装桶，新桶装劣油，再流回市场。

上海通凌新能源科技发展有限公司系统掌握了废机油再生利用技术，独立研发并获得完全自主知识产权的发明专利达十几项，其创立的“以改变导热载体、间接升温、常减压串联的新型蒸馏工艺技术”为国内首创并具有国际领先的水准。因此，结合通凌公司在上海化学工业区七万吨废弃润滑油再生利用项目建设，适时制定废弃润滑油处理管理办法，对于加强废弃机油的收集处置管理管控，是十分必要的，且具有可操作性。

11.3.1.2　危废润滑油收集处理管理方案

（1）借鉴上海市餐厨废弃油脂收集处理管控经验，对上海市废弃机油收集处理实施全程监控管理。

（2）起草并建议上海市人民代表大会通过《上海市废弃润滑油收集处理管理办法》，作为相应管理工作的法律依据，其主要内容为：

①根据国家有关法律、法规（如《中华人民共和国固体废物污染环境防治法》、《危险废物经营许可证管理办法》、《危险废物转移联单管理办法》等），结合上海市实际，制定具体管理办法，该办法适用于上海市行政区域内废弃机油的产生、收运、处置及其相关监督管理活动。

②确定具体行政管理部门（如上海市交港局、环保局）负责上海市餐厨废弃油脂产生单位、收运、处置的监督管理工作。区（县）级行政管理部门按照规定职责，负责所辖区域内废弃机油收运、处置的监督管理工作。其他部门如发展改革、商务、环保、水务和公安等行政管理部门按照各自职责，协同实施。

③产生废弃机油的经营单位（含个体工商户，以下统称“产生单位”）以及从事废弃机油收运和处置活动的单位是废弃机油处理的责任主体，应当严格执行国家和上海市有关法律、法规、规章和食品安全标准，建立健全相关管理制度，发现问题立即处理并向相关行政管理部门报告。

④鼓励一切减少废弃机油产生数量的工艺和措施，对废弃机油实行符合产业发展导向的资源化利用，并推进实行废弃机油收运、处置的一体化经营模式。

⑤区（县）行政管理部门根据所辖区域内废弃机油的产生数量，通过招标投标方式，确定从事本辖区废弃机油收运活动的单位，并向社会公布。从事本辖区废弃机油收运活动的单位和收运本单位产生的废弃机油的企业（统称“收运单位”）应当遵守的相关收运要求。禁止任何单位和个人擅自从事废弃机油的收运活动。对收运单位应规定相应的资格要求。

⑥对废弃机油处置单位也应作出相应的资格要求。

⑦建立废弃机油回收处置管理系统，对废弃机油的产生、收运、处置实行全程信息实时监管。贮存、初加工场以及处置场所安装的电子监控设备应全天侯保持开启状态，并与区（县）政府行政管理部门的信息管理系统实时联网。

收运单位和处置单位应当将相关记录台账记录的内容以及检测、评价结果等信息，输入本单位的信息管理系统，并将信息管理系统记录的信息报送政府行政管理部门，并逐步将本单位的信息管理系统与政府行政管理部门的信息管理系统联网，逐步使用电子联单。

（3）在废弃机油回收处置管理系统下建立“废弃机油”收集、运输、处置一体化数据可追溯平台，可以在地方政府不增加监管人员和进行大量投入的前提下，提供一个“废弃机油”问题的最佳解决方案。该方案通过正规的生产企业直接与废机油产生单位签订“废弃机油”收运处置协议，在整个收集、运输、处置过程中，建立全程数据录入与影像监控平台，通过计算机技术、物联网技术和移动互联网技术，实时监控“废弃机油”的流向，防止“废弃机油”流向非法渠道，保证“废弃机油”加工成高品质柴油，从而化害为利、变废为宝。

①建立数据可追溯平台的技术支持：

a. 云计算和数据库的支持；

b. 物联网技术的支持；

c. 移动互联网技术的支持。

②建立数据可追溯平台的基本操作模式：

a. 签约废弃机油产生单位，对废机油产生单位的数据进行分析；

b. 废弃机油产生单位报告收运请求，后台自动生成收运路线；

c. 收运扫描油桶射频芯片生成电子联单，自动录入后台数据库；

d. 带有视频监控和 GPS 定位的车辆运输；

e. 视频监控下的预处理及区域中心工厂进行精细生产；

f. 生产全程数据的量化采集，通过移动数据模块直接上传到系统数据库；

g. 通过平台的数据分析功能，生成各种数据报表；

h. 全程的数据监控、视频监控，数据报表接入政府监控平台，互联网平台，政府部门和生产企业以可以实时看到整个废弃机油的收集、运输、加工和销售的数据。

#### 11.3.2 危废润滑油收运处置一体化解决方案

如前所讲，危废润滑油或称废机油，是指从各种机械、车辆、船舶更换下来的危废润滑油。润滑油由于在使用过程中受外界污染产生大量胶质、氧化物从而降低乃至失去了其应有功效而遭废弃，每年为了处理掉它们，不计后果的将其份倒掉或者进行焚烧处理。这样不仅产生大面积的环境污染问题，更是一种严重的资源浪费。

新技术可以把废机油提炼成达标的润滑油组分，再重返成品油市场，可谓利国利民。上海通凌提出的废机油收运处置一体化解决方案具有很强的实施性。

该方案认为，建立“废机油”收集、运输、处置一体化数据可追溯平台，可以在地方政府不增加监管人员和进行大量投入的前提下，提供一个“废机油”问题的最佳解决方案。该方案通过正规的生产企业直接与废机油产生单位签订“废机油”收运处置协议，在整个收集、运输、处置过程中，建立全程数据录入与影像监控平台，通过计算机技术、物联网技术和移动互联网技术，实时监控“废机油”的流向，防止“废机油”流向非法渠道，保证“废机油”加工成高品质柴油，从而化害为利、变废为宝。

11.3.2.1 建立数据可追溯平台的技术支持

（1）云计算和数据库的支持；

（2）物联网技术的支持；

（3）移动互联网技术的支持

11.3.2.2 建立数据可追溯平台的基本操作模式

（1）签约废机油产生单位，对废机油产生单位的数据进行分析；

（2）废机油产生单位报告收运请求，后台自动生成收运路线。

（3）收运扫描油桶射频芯片生成电子联单，自动录入后台数据库；

（4）带有视频监控和GPS定位的车辆运输；

（5）视频监控下的预处理及区域中心工厂进行精细生产；

（6）生产全程数据的量化采集，通过移动数据模块直接上传到系统数据库。

（7）通过平台的数据分析功能，生成各种数据报表。

（8）全程的数据监控、视频监控、数据报表接入到政府监控平台，互联网平台，政府部门和生产企业以可以实时看到整个废机油的收集、运输、加工和销售的数据。（2015 年 2 月 28 日）

## 11.4 总　结

把危废润滑油再生利用产业确定为战略性新兴产业，以解决环境污染为前提，并且把它作为一种资源加以充分利用，继而从政策、资金、税收、市场和技术服务等方面予以支持，鼓励并推动以低碳环保为理念的新兴产业的迅速发展壮大，实现社会效益与经济效益的协同发展，是今后社会改革和发展的必然趋势。因此，基于环境安全和能源安全的视角，危废润滑油再生利用是一项利国利民、促进经济社会可持续发展的重大战略举措。

# 第12章　促进我国危废润滑油再生利用行业健康发展的政策建议

废机油再生利用是一项利国利民、变废为宝的系统性工程。废机油再生利用行业的发展，需要转变观念、深化改革，不断建立并完善相关的法律法规体系，及时制定和调整行业政策与行业标准，促进我国废机油行业走向市场化、专业化、产业化和规模化，在实现资源节约环境友好、能源安全、生态安全方面发挥积极作用。

## 12.1　危废润滑油市场管理体制机制建设

### 12.1.1　转变观念，全面认识废机油再生利用行业

对于废机油再生利用市场管理，首先需要将废机油再生利用视为一个独立的资源性、环保性、生态性行业，如果仅从某一方面加以管理，只能解决表面上的问题，无法解决阻碍行业发展的深层次

矛盾，更无法系统地规范行业的发展。针对性的行业政策对于废机油再生市场的发展才有实效。

### 12.1.2 进一步完善废机油再生利用法律和政策

借鉴国外成功经验，结合我国实际，国家从鼓励行业发展的角度，需要制定废机油回收管理政策法规和激励机制。制定危废润滑油再生利用循环法，强制执行废机油产生后的处理措施，对违反者予以重罚等；规范废机油收集、回收、再生利用行为，减免废机油再生利用企业的税收，鼓励使用再生油等。支持企业对废机油综合利用技术创新，促进产业良性循环。

完善各类政策措施。首先，加快推进和完善废矿物油综合利用行业准入条件。其次，修订废机油回收利用《技术导则》，要求废旧润滑油的回收再生，由产废企业自行消化转为由专业企业进行处置；废机油回收处置转向经营许可，不仅要有环境标准，还应有再生工艺技术先进性的要求。

### 12.1.3 强化过程管理

在相关职能部门的监管下，通过企业运营，对废机油源头的产生、中间的运输以及终端的处置进行全面系统管理。建立专项管理控制体系，进一步加强对废机油产生、收集、贮存、运输和处理的全过程管理，严格执行申报登记制度。实行经营许可证制度，使废机油再生利用企业更加规范化、规模化。现在许多省市并没有固定的废机油贮存点及废机油运输路线，导致废机油回收后无法集中贮存和运输。随意对废机油进行储藏、运输具有高危险性，甚至会引起爆炸等事故。废机油回收后必须对废机油的贮存和运输进行妥善安排，以避免出现危险。进一步强化废机油产出地的属地化管理责任，科学设定废机油跨地区转移的监管程序。进一步强化废机油生产源头管控，对废机油产生的主要行业如车辆检修、船舶检修等行业，强化企业废机油的产生统计及流向监管，进一步强化对普通生产加工型企业的环保监察。

加强对废机油的管理，必须建立一支专业化的执法队伍。各部门都要重视废机油管理，将管理职责赋予具体部门，并加强人员合理配置，定期开展技术培训。开展联合执法，建立环保、交通、工商、公安等部门联动机制，加强部门间合作，形成执法合力，有效打击非法销售、非法运输和非法加工企业，提高对违法行为的震慑力，特别是要加大惩罚力度。

### 12.1.4　优化发展环境，建立公共服务体系

加强服务体系建设。完善公共服务体系，建立“全国废机油综合利用数据库”，及时收集、整理国内外废机油综合利用信息；加强废机油综合利用新产品、新技术、新工艺、新设备的推广应用；系统宣传废矿机油综合利用企业；为国家行业主管部门制定行业优惠政策提供可靠性数据；满足政府、科研机构、企业等的信息和服务需求，推进我国废机油再生利用行业的社会化、专业化和市场化进程。

充分发挥中介组织或行业协会的作用。利用行业协会组织熟悉行业、贴近企业的优势，积极开展废机油再生利用标准制定、技术应用推广、咨询服务以及政策宣传、国际交流与合作等工作，为废机油再生利用行业提供趋势分析、政策引导等优质服务。同时建立行业数据库，为政府部门制定行业政策提供依据。

加强对公众进行“固废法”宣传，提高人们对废机油的环境危害性认识，建立群众对废机油污染和违法行为的监督、举报制度，杜绝违法和污染事件发生，营造共同参与的良好氛围。

## 12.2 市场运行方面

### 12.2.1 建立并规范全国统一的废机油回收与再生利用网络

废机油再生利用一个现实的问题是回收网络的建立与完善，废机油品种繁多，品质参差不齐，来源十分零散。特别是机动车更换下的废机油，合理高效回收难度非常大。目前，世界上很多国家采用广泛建立回收点的方式来回收社会零散废机油。我国人口多、密度大，可依托类似垃圾分类中心、油品销售网点、汽车维修店等建立专项回收网点，不仅方便公众处置废机油，也为企业的回收工作提供便利。

要探讨打破地域观念，从全局利益考虑统筹布局，配备专业贮存与运输队伍，合理设计收、贮价格机制，严格资质管理，减少流通壁垒，使区域内及跨区域废机油集中安全地收储、运输。废机油来源量大、面广、分散，并且一些非法的土法炼油厂通过各种途径收集废机油，因此，可从废机油回收规章制度的建立和废机油贮存中转点的形成两方面进行废机油的批量回收，防止产生废机油的企业对废机油的胡乱丢弃或非法处理，也可以从源头上禁止非法炼油厂对废机油的收集，更可保障规模化、专业化处置企业的废机油原料供应。

### 12.2.2 加大对非法废机油再生企业的打击和处理力度

要大力支持和发展有“危险废物经营许可证”的企业生产，打击遏制非法炼油厂和黑窝点，保障合法企业的经济利益。专项整治应以某一部门为主，多部门联动，从而提升废机油管理的实际效果。例如，天津市环保局和海事局、交通局联手开展废机油的专项治理活动。政府部门的有力执法和对再生项目的政策定位将是废机油管理的有效方法。对现有的非法废机油再生企业可以采取打击和引导两种策略，对具有一定实力的非法废机油再生企业可以鼓励其获得合法的资质，改良设备，提高废机油再生的质量和能力。同时要处理好回收企业与机动车维修企业之间的利益关系，向机动车维修企业回收废机油应适当给予经济补偿。

#### 12.2.3 重新规范废机油处置企业

环保主管部门在对废机油回收处置企业的“专项经营许可证”审核中，不仅要审定其环境污染防治措施，还应对提炼工艺的先进性、资源循环利用价值提出审核意见。处置企业要有一定的技术装备条件和技术能力，并能防止二次污染，政府部门要促使企业有序收集、合理处置、科学提炼，开展试点示范，对未取得危废经营许可证和不规范企业予以取缔。

#### 12.2.4 加快推进电子联单改革，缩短审批周期

针对跨省区联单审批时间过长的问题，可推行网络平台进行管理，加快推动电子五联单制度改革，缩短审批周期。根据简政放权新形势，可探讨将联单审批权由省环保厅下放到市级环保局、简化或取消外省环保部门联单的回函程序，促进企业对废机油再生利用的积极性。

## 12.3 市场监管方面

#### 12.3.1 突出规范标准，细化管理办法

目前，我国出台的危险废弃物相关法律，针对性不强，表现在不够具体、法律之间不够协调，对违法行为惩罚力度小等。因此，有必要细化废机油相关法律法规，突出规范标准，加大执法力度，震慑违法行为，从而为政府有效监管提供法律依据。建议尽快完善

和细化以下法律法规：《危险废物管理办法》、《危险废物转移报告联单管理办法》、《危险废物经营许可证管理办法》、《危险废物处置行政代执行管理办法》等。

### 12.3.2 进一步完善废机油监管标准体系

综合考虑在实际监管废机油市场及行业发展存在的问题，根据我国国情建议从以下几个方面完善监管标准体系：

（1）提高废机油再生利用准入门槛。需要对《技术导则（GB/T17145－1997）》进行修改，以提高废机油产品质量，实现提高资源利用效率之目的。

（2）制定行业内的联盟标准。以我国现行工艺如分子蒸馏、薄膜蒸发、减压蒸馏等为基础，结合各地企业的实际产品参数，制定适合我国废机油再生利用行业的联盟标准。通过联盟标准，为行业内的企业提供准确规范的执行标准，以提升产品标准。同时加大执法力度，打击非法、不规范企业，引导企业规模化、规范化、法制化发展。

（3）加强对废机油产生、收集、运输、处置过程中的标准控制。要根据《固废法》和《环境保护图形标志》标准的有关规定，对危险废物的容器和包装物，以及收集、贮存、运输、处置设施和场所进行标准化整治，设置国家统一制备的危险废物识别标志。

（4）规范废机油的特殊处置技术和工艺。废机油的处理处置技术在不断发展，已经出现了一些新技术，如蒸馏加氢法等等。因此需要对这些技术的发展和环境影响进行研究评估，制定符合技术发展趋势和我国国情的标准、规范，促进并规范新技术的发展。

### 12.3.3 建立废机油部门联合监管机制，实现监管常态化

针对废机油当前的监管现状，有必要建立部门联合监管机制。建立环保、交通、工商、质检、工信、发改、公安等部门联

动合作机制，加强部门间合作，形成执法合力，有效打击非法销售、非法运输和非法加工企业，提高对违法行为的震慑力，营造废机油良好的市场发展环境。当部门出现职责不清的时候，联动合作机制要出面界定各个部门职责，督促各个部门做好工作，防止出现部门间“踢皮球”的现象，提高废机油监管效率，实现监管常态化。

12.3.4 以物联网为载体进行全过程监管

构建物联网式的监管，从废机油的产生、收集、贮存、运输、处置四个节点，都有条码有去向，实行全过程监管，以此来堵住监管漏洞，控制废机油流向。同时，要建立台账，建立动态的出入库管理。建立专门的运输体系，推进废机油专业化运输工作（与处置分离），减少运输过程中的“跑冒滴漏”。

12.3.5 强化源头监管尤其是对社会源废机油的监管

废机油产生的场所、渠道、环节众多，管理难度大，必须从源头抓起，特别要重视对社会源源头的监管。让所有的4S店及汽修企业按照有关规定制订危险废物管理计划，并向所在地环保部门备案。转移危险废物，要严格执行国家危险废物转移联单制度，经审核、批准后方可转移。此外，4S店、汽修企业不得擅自倾倒、堆放或将危险废物倾倒垃圾中，禁止将危险废物提供给无经营处理资质的单位进行处理。

12.3.6 组建废机油再生利用收购联盟

根据上海市地沟油治理经验，可积极组建废机油再生利用收购联盟。成员企业须达到一定的经济效益和环保效益。运用技术手段，对废机油再生工艺技术先进性、资源循环经济价值提出审核意见。建立健全废机油的回收和再生经营许可证制度，进一步规范废机油处置企业生产经营行为，对达不到回收与再生利用要求的单位，禁止从事该项业务。

12.3.7 建立区域性的监管网络

针对废机油从大城市流入中小城市的问题，相关部门应按区域划分，建立区域性的监管网络，周围城市甚至全国各地都应该一起加大对非法废机油加工利用企业的打击力度，让非法转移无处可去，斩断废机油四处流窜的黑手。从现实考虑，对流动的“游击队”采用疏堵结合的办法。一方面通过监管，加强打击力度，使违法风险变高；另一方面，要为他们提供一条出路，废机油收集、处置又脏又苦，总得有专门人去做。对实力强的非法企业，可以进行“收编”。

可探讨给“散户”以合法身份。将散户废机油收购点视为社会源，使其具备合法身份，这样有资质的企业收油后，只要报备就可补办联单，并享受相应优惠。

12.3.8 创新监督检查机制

充分发挥消费者的监督作用。基于废机油的检测是一项专业性很强的活动，相关检测部门在必要时要为消费者提供便利的检验测量服务，维护消费者的权利。同时，可设立专门的举报投诉平台，方便群众提供线索，打击废机油非法炼制的行动。

积极开展重点单位建立环保诚信承诺机制试点，引导企业自觉履行环保承诺。同时，建立考核制度，凡履行承诺的企业，减少日常检查频次，改为定期抽查。通过建立环保诚信承诺制度，实现由部门监管向企业自律的转变，从污染治理向预防为主的转变。企业自身的监督和行业之间竞争者的监督，以实现市场公平竞争，减少废机油非法外流的发生。

积极发挥媒体、非营利性等第三方组织的社会监督作用，减少政府监管的成本，提高监管的质量。

## 12.4　促进市场发展的产业政策方面

### 12.4.1　制定激励政策，促进产业化、规模化

第一，加大财税政策支持力度。一是加大对废机油再生利用行业的支持力度，通过产业技术研究与开发资金、节能减排专项资金、中小企业专项资金等，支持废机油再生利用技术或装备研发、应用和推广。二是采用减税或补贴手段解决废机油回收的经济性问题，将造成污染的企业或个人的税收或罚款所得专门用于对正规回收再生企业的补贴。可按回收处理量给予一定的补贴或返还一定比例的税收、或为处理技术的研发提供资金支持，并将成果共享，进行市场推广等。三是进一步拓宽废机油行业融资渠道。充分运用市场机制，通过发布目录，推荐等方式，鼓励和引导社会资金进入废机油再生利用行业。四是借鉴发达国家经验，如在润滑油成品油环节增收“环保税”，将废机油回收、处置及行业补贴的费用分摊至成品润滑油销售价格中，并设计返还政策等，鼓励、引导废机油再生产业链的各环节自觉环保利废。五是鼓励专业公司进行跨区域的竞争，以利于市场的培育和良性发展，防止垄断经营以及带来的种种恶性后果，鼓励国内外大公司及其资本介入，以建立合理、完善的市场机制。

第二，扶持废机油再生利用企业尽快实现专业化、规模化。废机油规模化、专业化再生利用，是保护环境、节约能源的需要，也是废润滑油加工生产企业获得经济效益的需要。再生利用废润滑油企业只有规模化、专业化才能实现环境效益、社会效益和经济效益的良好统一。

### 12.4.2 提高公众参与度

废机油再生利用是一项利国利民的事业。环境保护不仅要依靠相关废润滑油再生企业，更有赖于公民的实际行动。从节约石油资源和环境保护角度，都应当发展废机油再生利用事业。一方面，公众对废润滑油对环境的危害程度缺乏认识；另一方面，很多人不了解废润滑油如何通过再生继续使用，甚至将再生润滑油与假冒伪劣油品混为一谈，不利于再生润滑油的推广。因此，需要政府通过多种渠道和宣传方式向公众普及相关知识，加强环保教育，提高全民环保意识，让全民重视废润滑油的再生利用，从法律和政策上给予扶持，使废润滑油的回收、再生利用企业逐步走向专业化、规模化。

### 12.4.3 探讨施行“生产者延伸责任制”下的企业跟踪回收模式

“生产者延伸责任制”是对环境经济学“污染者付费”原则的深化。即通过把生产者的责任延伸到产品生命周期的各个阶段，尤其是产品的回收和最终处理阶段，从源头减轻产品对生态环境的影响与破坏。这种模式对生产商而言，不仅要求产品生产过程采用清洁生产工艺，从源头减少废机油产生量，而且要求生产企业在产品设计过程中就考虑产品回收利用方面的有关问题，更要求生产商主动开发废机油回收利用技术，并参与回收利用过程，要求生产企业必须建立相应的回收利用车间（厂），参与或建立市场化的专业性回收、再利用工作。根据生产商的产品、产量及特性确定回收再生情况下以税收优惠形式解决的废机油处理所需的费用。

### 12.4.4 加大科研投入力度，开发废机油再生新技术

要在充分发挥相关国家工程中心等作用的同时，围绕废机油再

生利用的重点，依托规模化的大型骨干企业，筹建一批技术中心；支持建设一批企业主导，科研机构、高校等积极参与的产学研用相结合的产业技术创新联盟。加大科技投入，推进、鼓励对废机油处理的科学研究，不断提高再生工艺技术水平，提高资源利用率和产品附加值；强化废机油污染防治措施和对废气、废水、废渣等无害化处理，杜绝二次污染。

特别是对于关键共性的技术或成套设备，要选择一些具有自主知识产权、能够解决当前或未来一个时期我国废机油再生利用行业发展的热点或难点问题的技术或设备，开展示范应用，以此来拉动行业发展。

### 12.4.5　加强人才培养

废机油再生利用行业发展人才是关键，要强化行业人才培养。各类废机油协会及环保等主管部门有必要、有义务帮助废机油再生利用企业培养专业技术人才，定期开展相关技术培训，以提高整体行业人员素质水平，推动行业良性发展。

# 附录 上海危废润滑油再生利用座谈会纪要*

**时间：** 2015 年 1 月 15 日

**地点：** 上海富豪东亚酒店会议室（浦江厅）

**主题：** 危废润滑油再生利用改革与发展专题交流座谈会

**李国强：** 各位早上好！我本人是国务院发展研究中心公管所副所长。今天由国务院发展研究中心公管所组织，在上海召开“危废润滑油再生利用改革与发展专题交流座谈会”。非常高兴很多领导同志前来参会，感谢对座谈会的支持。我首先介绍一下今天参会的各位领导和专家：国家质检总局项玉章总检验师，国务院参事室参事、特约研究员、国家能源局原局长徐锭明发生，国家科技部政策法规司李新男巡视员，环境保护部环境与经济政策研究中心管理政策研究部沈晓悦主任，中国社科院研究人员张志忠先生。上海市环保局胡颂主任、上海市质监局标准化处陶城副处长、上海市固废

* 根据会议记录整理，未经本人审阅。

中心钟声浩总工程师、上海通凌新能源科技发展有限公司徐陈国董事长、中科院上海高等研究院陈晓东研究员、上海市化学工业园区管理委员会朱斌处长、上海市化学工业区发展有限公司罗坚经理等同志。我们对大家的到来表示欢迎。

这个会议的主题是关于危废润滑油再生利用改革与发展。这个问题很专业，在座的都是这方面的专家，但对我们来说是以前并不熟悉。这个问题是我们在调研企业创新的过程中了解到的，上海通凌集团在这方面有创新的经验。过去我们研究企业创新，都是企业已经创立而为的，而上海通凌是创建企业的时候，就投入了大量的人力物力，开始了创新。在这个过程中我们又了解到危废润滑油这个行业的情况，涉及环境保护、资源利用、资源节约等方面。我们粗略地了解，这几十年，尤其改革开放这三十多年里，国家也是重视这个行业发展，在法律法规方面不断地推进完善。但在具体的实施过程中，还是有不少的问题。比如说废机油回收渠道的规范化等还有很多不足，正规渠道的回收很少，市场监管、市场秩序这方面还存在着不少的问题。中央确定的“五位一体”战略总布局，把生态文明建设、环境保护已经提上了重要议事日程，今年刚刚修订的《环保法》对违法的进行处罚，罚无上限，可见对环保进一步加大了力度。北京、上海、广州这些特大城市，危废润滑油使用量比较大。今天，我们主要就如何规范危废润滑油再生利用的监管、规范市场，促进危废润滑油的技术进步，开一个座谈会，我们有一个通知，内容供大家参考，可围绕着市场建设、技术创新、管理体制机制不断完善，大家根据自己的情况，做一个限时的发言。今天人多，时间有限，每人 15 分钟。第一位发言的是上海市环保局胡颂主任，大家欢迎。

**胡颂：**大家好，各位领导好。按照我们环保局的责任，我们主要把危废润滑油按照国家危废管理法律、法规和政策进行末端管理。按照我们的理解，危废润滑油有一定的毒害性。从行业分类来讲，危废润滑油产生于机械制造、生产加工企业，是润滑油使用后可以再利用的废物，也产生于储油罐的清洗等服务行业。危废润滑油一部分可以由产生单位自行利用，另外一部分委托其他单位进行处理。目前我们梳理了一下，五家单位有各方面综合利用资质，其中一家单位是今年刚刚拿到了资质，还没有正式开展业务。一年的处理能力四万多吨。具体到废润滑油的综合利用体制，目前已经正常开展业务的有两家单位，这两家单位的利用量，2014 年废润滑油的再生利用量，一年的加工量在 1000 吨左右，徐汇大概在 3000 吨。我们目前从环保的角度，主要是抓末端，也做了一些工作，主要是积极开展关于按照国家的危废润滑油规范化管理的要求，我们主要针对危废润滑油产生单位进行全面排查，涉及工业企业的，重点规范产生单位的执行情况，但是从我们现在来看，特别是涉及服务行业，包括像汽修行业，他们的特点就是量少，收集率也很低，我们现在也在探索，近年来在杨浦一些区县，开展了一些针对危废润滑油的收集，通过区域性的回收平台，相对分散的危险废机油集中了之后，再与相应的单位进行对接，这样能够提升经济效益。按照我们危险废物经营许可证的管理办法，一种就是收集证，收集证的范围非常窄，另外一种就是综合性经营许可证，一般的经营平台达不到这种要求。我们理解经营许可证管理办法的要求，不希望中间有收集环节，希望危废产生源与危废处理直接产生联系，不要出现额外的环节，避免流失等等问题。

此外，我们也在积极推动对危废润滑油的专业化运输工作。目前上海市拥有专业化的危险废物运输队伍，从而有利于加强对运输环节的监管和打击违法行为。

我们在制定《“十二五”危险废物规划》时，也提出了准入门槛，目前，上海市已建成两万吨的危废润滑油再生设施，采用了比较先进的技术，并且已经进入试生产阶段。我把上海环保局的一些做法向大家汇报，以抛砖引玉。

**李国强：**准入门槛是多少吨？

**钟声浩：**上海市在 2008 年制定了危险品污染防止规划，规划当中针对危废润滑油再生利用单位的处置能力，要求达到两万吨以上。国家已经颁布了相关的一些技术规范，比如说废矿物油再生利用控制的技术规范，在这个技术规范当中，明确了要淘汰用埋土过滤等等，这就是上海的准入门槛，这个方面，国家从 1995 年颁布了土地法，后期针对危险品处理处置单位，包括一些技术规范出来了以后，国家已经制定了技术准入门槛。上海所有的单位都是按照国家的技术标准、技术要求，包括上海整个的发展需求进行设计和管理的。

**李国强：**请上海市质监局标准化处陶城同志发言。

**陶城：**尊敬的各位领导，接到通知后，我了解了一下在这个事情上介入的程度。也思考了一下，这个事情接下来我们可以做什么。刚刚环保局的领导做了介绍。上海针对危废润滑油处置有一定的规定，而且国家层面相应的标准也很明确，如果从上海技术监督部门做的话，配合好环保局，就有必要提出一些特殊的要求，包括地方标准化，这是我们职责范围内的事情。

从 2013 年下半年开始，针对废弃地沟油，由上海治安办牵头，把地沟油转化成生物柴油，现在上海几十辆公交车上使用。我觉得最关键一点，就是政府要做好行政监管，明确导向。为了支撑最后用到公交车上，上海市做了几个事情：一是在废弃油收集环节，上海有一些规定，保证供应量。第二从科技创新来讲，上海市科委把这个工作作为一个重大的科研项目，给予了一定的科研经费的投入，确保科学成果转化。第三上海针对最后转化成的 B5、B10 生物汽油，用现在国家比较倡导的联盟标准的形式提升行业的产品质量。所以上海食品安全联合会作为一个载体，形成相应的联盟标准。这个事情是两个层面的，一个是作为政府来讲，本身法律授权范围之内的工作怎么做好。二是在这个过程当中，怎样把一些市场因素结合起来。为什么要介绍一下地沟油的事情，这里面几个方面的事情可以借鉴，一个本身的机制，政府要管怎么管好，在你的行政范围之内，在这个过程当中，科学成果转化也好，或者说最后一些政策也好，这些东西仅仅在行政范围内管这个事，不能说管不好，哪怕管好你投入的行政成本会很高，怎么样把这个事情在顶层设计的时候把两方面的资源调配好。

我们这边是标准化出台，关注点是如何用好标准化手段。去年年底召开的质量大会上，国家领导提出来放管制，就像地沟油这个事情上，借助联盟标准，为什么没有形成政府标准，主要考虑到，这个事情政府在监管上有很多的规则，怎么样把规则实施好，仅仅靠政府一己之力不可能做好，我们发挥社会的力量，把社会的资源融进来，把利益诉求体现出来，而且通过行业自律，不需要政府来管，我们通过联盟标准，把行业自律包括产业质量一些引导性的东西放进去。从政府层面讲，地区标准管制就管住底线，比如说对排放污染物的管制等等。把职责分清楚，这样可以把事情做得更好。

从标准化主管部门来讲，我们配合这个事。建议在我们讨论或者说关注这个事情，提供一个解决方案，建议去参考一下我们在把地沟油转化成生物柴油过程的做法。谢谢各位。

**李国强：**我们也关注到地沟油的事情，这方面国务院也发布了相关文件。你们的产业联盟是市场牵头还是政府牵头？

**陶城**：上海在组织实施废弃油脂转化成生物柴油这个工程的过程中，其实是有部分的授权功能，就是委托食安局具体实施组织，所以这个联盟标准由它发布，构成主要还是来自于企业。食品安全联合会的构成主要还是来自于企业。

**李国强**：现在的执行情况、检查情况怎么样？地沟油回收的情况怎么样？

**陶城**：我只能说一个大概情况。上海在地沟油回收管理方面还是非常到位的，做了很多配套工作，要求饭店必须装备收集的装置，这有一定的投入，这个事情抓的很紧，包括在收集处置环节，明确了分区管理，最后建立一个动态的管理系统。

**李国强**：现在这两家企业的投入产出情况怎么样？

**陶城**：我个人到他们的企业看过，经营状况只能说持平，可能连持平都没有。这个事情如果在上海全面推广了，持平可以做到，因为这部分还有政府的经营，鼓励大家用废弃油脂转化成车用油，政府还给一定补贴。

**李国强**：现在有没有新的危废标准？我看的资料，还是 90 年代初的时候质监局发布的文件，现在有没有新的文件？

**陶城**：上海好像没有太多针对性的标准，因为这个是行业主管。从国家层面来看，已经有相应的标准。

**李国强**：有关地沟油方面的情况，你帮着整理一下相关的材料。第三位发言的是上海市固废中心钟声浩总工程师。

**钟声浩**：非常高兴参加危废润滑油再生利用改革与发展专题交流座谈会，我今天发言谈三个方面，第一个是上海的发展过程，第二个谈一下我们主要关注的危废润滑油对环境的影响问题，第三谈一下我们目前在润滑油管理当中可能碰到的一些具体问题，需要今后加强这方面的监管，促进这个行业的发展。最后结合这些问题谈一下对策。

一、上海按照石油分类把废润滑油分七类，危废润滑油是矿油中的一种。国家在颁布固体污染防治法之前，20世纪八九十年代，就重视对危废润滑油的回收利用。当时上海的回收利用技术比较落后、分散。在1990年以后，上海颁布了上海市危险废物污染防治管理办法，对一些危险废物管理提出了具体要求。上海当时执行两项制度，一个是针对危险废物处理处置单位，实行经营许可制，这个制度比国家提前了两年。第二个是针对产生单位，实行危险品转移联制度，即把产生单位产生的废物，转移到什么地方，什么单位进行处置的，通过联办进行监管。在初期，对整个上海的废矿物油回收利用单位进行整治。当时上海有二十来家企业，从二十来家里面筛选出八家有一定规模的企业，给它许可让它经营。国家环境保护法实施以后，对废物的防治问题越来越重视，配套的技术政策、污染防止标准，已经相当完备。上海在管理当中，回收单位自身污染不重视的话，也可能对环境造成污染。上海在2008年制定了规划，废矿物油处置单位设立了准入门槛。目前上海有资质的有一定能力的，刚才我们胡颂主任已经介绍了，我这里不再重复了。根据我们初步判断，目前上海废矿物油处理处置技术是符合国家标准的，废矿物油基本上在受控范围内。针对废润滑油而言，根据我初步的估算，上海的汽车保有量在270万辆左右，废润滑油在一千吨左右，进行我们执行单位处置的已经达到了每年四千吨，这是上海的基本情况。

二、关于废润滑油对环境的影响。一是如果处置不当，废润滑油就会对环境特别是对水、对空气、对土壤造成污染。

二是废矿物油里面含有有害物质，生产过程当中会产生有害气体，这个过程怎么控制，如果技术水平不过关的话对环境就有危害。废矿物油有比较高的利用价值，目前我们上海的处理处置单位，不是通过政府的补贴，而是他从产生单位去收购的，花钱去买废机油的，通过提高它的附加值，来获得利润。目前我们要关注的生产企业是不是合规的，是不是合格的，是我们重点关注的问题。

目前，因为这些正规的企业，生产成本比较高，一些无证的个体用比较原始的方法，对这些企业有冲击，通过非法途径，尽管按照上海有关单位来运输，但是在个别的4S店工作人员，在利用的时候，个体就是主动上门来收购，这就是流向要把握，申报的量要达到生产单位的量，一小部分流失到一些非法单位。宝山有一个非法单位收集十几万吨，收集以后直接排放在河道里去，这对环境危害比较大的，基本上是管控了，但是没有真正做到全覆盖。

三是废矿物油的产生量。刚才说的主要是汽修行业产生量比较大，一些工厂也大量用到，这些润滑油产生以后，针对再生行业产生的产品，达到国家的废润滑油的标准，应该要制定废润滑油的回收再生产品标准，这个标准应该要沿引国家标准，因为国家标准有一些杂质没考虑到。目前我们国家对产品质量的管控是比较滞后的，类似于三聚氰氨、苏丹红这种事情，出事了才管控，对产品的管控、流向有缺失。目前我们润滑油的回收利用技术，经过几十年的发展，技术已经比较成熟了，关键是一些产品的标准要提高。对回收利用企业的监管要明确。

四是针对这两个问题，如何来进行管理。第一，我们要多部门联合行动，比如说汽修行业，我们环保邀请他们建立危险废物的排放制度，但是在实际情况中，可能少报漏报，这就要求汽修行业主管部门要按照他们每年购买的润滑油和排放润滑油的比例进行考核，把产生量控制在合理的范围，杜绝短路，转移到非法企业里面去。

第二，上海市交管局对危险废物的运输有严格的规定，凡是这些矿物油的运输，都要求使用有资质的车辆。这方面需要多部门联合执法。还有一个就是针对再生矿物油的产品标准，要求有关方面加快制订。对于再生产品，制定国家标准也迫在眉睫。

**李国强：** 钟总刚才讲的标准还有技术问题，您再简要讲一下，刚才胡主任讲的时候，你讲的浦发炼油技术，现在是国内比较好的技术，国际上比较好的技术，咱们的差距等等的情况，如果技术没差距，那什么地方有差距？

**钟声浩：** 我们原来是比较粗放的，比较土的，用一个锅炉，下面烧煤，慢慢的蒸馏，烧煤有尾气排放，包括蒸馏的散发量没有控制。针对润滑油这个技术沉淀、过滤、蒸馏，技术包含很多，润滑油不是某一样技术就能解决这个问题，上海主要是蒸馏、沉淀几种技术，如果只用一种方法，成本很高，所以要几个技术组成，不是某个技术就能解决这个问题。废润滑油是废矿物油里面的一种，油底如果用过滤是过滤不掉的，必须用蒸馏的方法，要初步分解以后再精炼，集成起来才能解决后面的残留，才能达到高质量。技术规范国家也有规定，废矿物油再生利用技术防治规范。

**李国强：** 第四位发言的是上海通凌新能源科技发展有限公司徐陈国董事长。

**徐陈国：** 各位领导，大家好。今天我有幸代表我们公司与各位领导、与会专家见面，在此我感到非常的荣幸。

纵观我们的后工业经济时代，石油的枯竭是一个不争的事实，据有关部门统计，我国在 2010 年，润滑油的销售量能够达到千万吨以上，而实际的置换回收的总量预计为 500 吨左右，随着我国国民经济的快速增长，对润滑油的使用量也会越来越大，而产生的废润滑油的总量也会相应增加。通过政策引导，对危废润滑油市场进行有效管理，对危废润滑油进行循环利用，可谓利国利民。

对废润滑油的再生利用我着重谈以下几个方面的问题。

首先是涉及该行业产业技术的提升，我公司在这方面做了很多工作，在这方面我做一个简单的介绍。第二是对废润滑油在线管理的建议。第三是涉及对产业化方面的行政支持。

第一个方面，废润滑油的来源广泛，数量巨大，如果管控得当，不仅解决了对环境造成的潜在危害，也作为一种资源可造福于人类。对废润滑油的炼制即再生工艺，我们普遍认为存在着以下三个方面不利因素，首先是水分，其次是复杂的化学添加剂，再次是废润滑油当中存在的金属离子与灰分。传统的石化炼制以热辐射管式炉为主，其特点要求生产原料必须达到进塔之前的平衡要求，如果以废润滑油的特性进行炼制，受以上条件影响，管式炉急剧的升温，势必造成水分剧烈汽化，沸塔冲顶。其次在化学添加剂及灰分的作用下极易引发废润滑油树脂化，使系统完全堵塞。因此，我们根据废润滑油的理化特性，创立了一种“以改变导热载体、间接升温常减压串联的新型蒸馏工艺”，该技术的发明为全国首创，国际领先。通过该技术的运行，能够把润滑油负面的影响降到最低。该技术的发明体现了三个特点。第一，把热辐射管式炉改为常减压串联的釜式反应，该方式为国内首创，其目的在于控制物料升温的速率以及恒温控制技术。第二，釜式常减压串联技术的创立解决了生产装置不间断的连续反应以及热能的综合循环利用，为提高整体效益奠定了基础。第三，通常间接升温的载体为导热油，我们把溶盐作为载体并且把它运用到石油炼制的工艺中为实用新型的创新。根据润滑油的理化性能，相对于常压组分的流程而言，其馏程温度都很高，通过改变导热载体、提升温度，能把废润滑油产品中所含的润滑油组分更加有效的提炼出来。

对于技术的先进性而言是相对的，能否把润滑油组分完全提炼出来并且达标，涉及对废润滑油的预处能否控制在进塔之前的前置平衡条件，对生产装置的影响是很大的。这里还涉及以下三项技术：（1）利用谐振波震荡脱水与微波脱水相结合技术：通常废润滑油中的水分子以乳化方式存在，传统工艺通过常压高温的加热方式，对其破乳脱水其有效率只能达到95%左右。当物体接受谐振波辐射后，不同分子因分子量的差异、分子结构的不同而重新排列，促使产品快速破乳形成油水分离的界面，达到初级脱水的效果。再采用微波处理技术进一步脱除废润滑油中的剩余水分，即利用油和水的极性不同，在微波作用下水分子迅速被加热，而油分子尚未完全受热时，采用真空将水分子带走达到油水分离的目的。（2）化学添加剂分离技术：我们利用管式炉的自身条件，当化学添加剂起沸的同时，充分利用其侧向循环，通过高温与深冷液相分离技术，把聚合物拦截在深冷槽内，以此达到分离化学添加剂及微量水分的要求。（3）对废润滑油产品中存在的金属粉尘及金属离子分离技术：首先我们自主创立了一种离子液体，即用氟硼酸与甲基咪唑在特定条件下合成，通过离子液体的助导，在常温低压电流极性的作用下，电离废润滑油中的金属粉尘以及金属离子。我们也对废润滑油再生炼油装置包括管式炉多级蒸馏工艺做了系统的对比分析，一般情况下，我们认为当生产原料即金属粉尘及化学添加剂在没有有效分离之前，部分变异的不饱和烃类与金属离子、化学添加剂在高温条件的作用下产生聚合，易使装置塔内的塔盘填料及管道堵塞而停产。我们也注意到有一些装置可能在十几天的短期生产后就因以上原因被迫停车检修。

因此根据废润滑油的理化特性，我们开发了“以改变导热载体、间接升温常减压串联的新型蒸馏工艺”，并以此为核心对废润滑油再生工艺的改造提出了整体解决方案。通过新装置运行，能够最大程度克服对废润滑油原生产工艺带来的不利因素，确保生产装置保持长时间的安全生产运行。

第二个方面，对废润滑油以及废润滑油再生在线管理建议。我们高兴地看到在上海市人民政府的关心下，以及环保局各部门的组织下，在地沟油管制方面上海走在了全国前列。借此机会，我希望借鉴上海市对地沟油的管控经验，对废润滑油进行监管。这里面涉及顶层方面的设计，在这里我不多说了，之后我们请中科院的陈晓东研究员给我们介绍这方面的工作经验。在这方面我们也做了很多工作。通过管控，我们希望对废弃润滑油所产生的源头，以及收集，包括运输、终端的处置，乃致最后的产品销售，实施全程在线的监控监管。

第三个方面，关于对产业化的行政支持。通过此次会议，我们衷心希望，该项目的产业化能引起各位领导、与会专家的重视。我们也有信心，让这项技术率先成为全国的典范。在此我代表公司、中科院上海高等研究院及参与我们本项目科研合作的所有同志，再次向各位领导、与会专家表示衷心的感谢。

**李国强：**第五位发言的是中科院上海高等研究院陈晓东研究员，大家欢迎。

**陈晓东：**各位领导、各位专家，向大家汇报一下工作。关于废弃油回收，我们主要关注信息化监管。刚才领导问上海地沟油的情况，上海地沟油是食安办牵头，我也作为专家参与了这个项目的设计。在两年前做时候，用 RFID 来监控，把信息存在 RFID，交界过程中也用 RFID 存储，对整个流程进行监管，总体而言效果还是不错的，我们的数据和政府提供的数据不完全一样。但是上海一半以上的地沟油，通过这个模式监管下来，应该在四五万吨。还有一部分流失了，流失到哪了？我们也不知道，但是肯定还是有流失的。

这个技术项目要能管控好，肯定还有提升的空间。原来是卡，现在随着移动终端的普及，可以用手机了。假如说我们通过技术的提升，附加值提高，我们自己对原料的收集成本可以高一点，让配合我们的人受益，就不会卖给别人了，因为我们的收价最高，产废者就会卖给我们。我们单位做技术研发，同时也做技术推广。中科院现在的实际工作也有分工，中科院原来做科研的，把国家的钱变成专利，但是现在随着国家的发展，要有一部分人搞创新工程，现在的比例是 9：1，以后可能是 7：3，把现在的技术孵化转换成产业，再变成钱，现在的比例不断增加，我们单位主要做创新工程，我们跟进国内外先进技术，为国内企业提供技术支撑。如何做废机油管理，我们可以在生产过程进行在线监控。比方说生产过程当中的指标监控，同时做节能控制。现在有云南路灯做的潮汐节控，现在这种类似的节能控制、智能控制，我们都有很多的相关技术，可以应用到废弃油的监管过程中。随着技术的完善肯定会越来越严密，不会让它出现跑冒滴漏偷换的现象，这些技术手段都存在，想做都可以做。

如果想发展做大，一个企业的投入压力比较大，我们想引进社会资金，让政府拿一个小的资金撬动，把那些有投资意向的金融机构引进来，共同来突破，几年之后再推出。这个钱如果全让政府投压力蛮大的，我们希望引入社会资本一起做，我们现在也是做一些顶层设计，我简单介绍这些，谢谢各位。

**李国强：**你讲的主要是信息化监管，你刚才讲的是研究设想还是实际情况？

**陈晓东：**地沟油已经开始做了，物联网的应用我们做了很多。

**李国强：**润滑油做了吗？

**陈晓东：**润滑油没有用，我们做软件系统已经很成熟了，包括一些技术手段监控，我们有很多的相关技术，但是现在哪些地方要控制，控制到什么程度，我们可以上传感器，把信息采集出来，我们现在有一个管理平台，可以把数据远程传回来，传回来看各种指标，包括车到哪儿都可以看到，我们给广东省中山市做的智慧交通管理系统，六万多台车都能看到。

**李国强：**搞的话，投入大吗？

**陈晓东：**可大可小，一开始想简单小一点，想做大也可以做大。我们现在想引入社会资金，这样可能做得比较完美，但是政府看菜下料，有多少钱我们设计什么样的，一开始设计小一点，钱和量有关系，到底想出多少量，都得根据产能进行设计配套。

**李国强：**让所有的市场参与人都能受益，这个话是对的。还想讨论一个问题，危废润滑油回收在我国相关法规里面是怎么规定的？原来好象有一个规定，是谁产废谁付费。现实中不仅不付费反而还收费。

**钟声浩：**因为产生的废机油尽管是废的，但是可以再生再利用，关键是你的附加值高不高，处理成本是不是超过了收购成本，如果是，他绝对不会处理，正因为有利益空间，所以愿意用购买的方式得到废弃油。

**李国强：**危废润滑油具有资源性和商品性，现实中产废单位不付费反而收费，说明了它的资源性。

**钟声浩：**我刚才说了是付费购买的，这些废矿物油回收比较简单，但是里面杂质比较多，这些生产企业肯定测算过成本，不会做亏本买卖。上海做得比较合理，对产废单位来说也是一样，包括一些废旧金属回收利用价值很高。我认为不能一刀切，看什么情况，再决定怎么做。

**李国强**：第六位发言的是上海市化学工业园区管委会朱斌处长。

**朱斌**：各位领导、各位专家：我先自我介绍一下，我是上海化工区管委会的，负责化工区的规划、土地建设、环保，关键就是环保。今天讲废润滑油，我先把上海化工区简单介绍几句。上海化工区离这里五十公里，我们是1997年开始填海，1999年完成第一波填海，大概30公里的规划，我们这个化工区是以石油化工为主的。这样一个园区，我个人认为，是我们现在工业的2.0版本。园区是2000年开始建设的，也就是十几年，应该是2.0版本了。我们现在做的是3.0，做信息化。这个园区是配套工厂，污水处理厂气电都是一体化的，我们的危废焚烧，国标是0.5，我们是0.1，按欧盟的标准做，不能保证一点事没有，但是我们的管理是2.0的状态，所以我们在2010年引进了集惠瑞曼迪斯公司，徐总也和我们有过接触。实际上这个园区2004年就提出搞循环经济园区，也是国家发改委示范园区。我们有很多不足，但我们在朝着这个方向努力。从危废来说，当时设计是6000吨处置能力，现在处理3000吨，在化工园区大概800吨生产当中产生的废润滑油，有600吨是处理的，还有100～200吨是无法利用就烧掉了。我们的废机油回收利用还是具备条件的。我们的环保措施也是很到位，所以管理上还是不错的。这里面废润滑油，包括很多综合利用的东西都存在问题，比如说有很多东西最后收也收不回来，所以化工区的润滑油使用，我们一开始就作为危废管理，这些企业很明确不能乱倒、不能乱扔、不能乱烧，能利用的基本在利用。

有几点想法，我讲完了，再请谢总谈谈他们厂的利用情况，我把更多的时间留给他。接下来谈几点想法。

对于废润滑油的利用不能搞遍地开花，一定要在成熟的工业园区里面进行规划、管理。我们的想法是市场主导，政府的目的是以市场行为来完善，所有的政策都是为了市场。我欢迎他们来竞争。危废润滑油的利用三个环节，第一就是源头问题，你得收上来，或者愿意交给你；第二就是运输问题，既不能出现乱排也不能出现跑冒滴漏等等问题；第三就是处理。源头问题我们现在很难，如果上海汽车只有 5000 吨的话，明显市场源头收集就有问题，我个人认为可能不止这点，有翻几倍的量。其实很简单，你去找找他们卖了多少润滑油就知道有多少排量。我们还有一个问题，这些企业你要打破一个区域的概念，上海是一块，废的东西肯定不让进来，上海环境保护规定，危险废物不让往上海运。仅仅收上海的不够，外地又不能运进来，这样就出问题了。我去欧洲看过，在法国里昂有一个危废回收厂，欧盟 20 多个国家的危废都拉到他的工厂，比方说刚才讲了那么多垃圾，一个区建一个二级焚烧厂对不对？我能服务三四个省，我能赚钱，你就应该放开标准来做，我按照政府的标准，不乱排不造成公共污染。源头这个事情在收购上包括运输上都有这样的问题。政府更多应该做的是定标准，我们在化工区欢迎企业来，但是你们得按照我们的标准来做，有些想法不一定对，不知道你们能不能有所突破。因为我们化工区就是这样，包括最早的时候，六万吨收不到，处理能力达不到。监管是一个问题，要纳入这个系统是一个想法，关键我们有很多这方面的障碍。我简单先说这么多，接下来请集惠瑞曼迪斯谢总谈一下。

**谢炜：**很荣幸，我们处长给了我这样一个介绍企业的机会。现在我们这种规模型企业，规范的企业，在价格上就是比不过非法的，我们的润滑油生产线投产四年了，到现在还是亏损的。我们的生产能力从700吨，上升到3000吨。规模企业或者是规范的企业在市场竞争中处于劣势。

第一个原因是回收价格。我们的回收价格始终差20%，这20%的成本差就是环境成本，就是规范化管理的成本。

第二个原因是运输成本。我们这样的企业，我们700～3000吨，增加的比例在工业园，在维修领域增长量没怎么变，原因就在收集运输的成本上。我们是一个规模企业，我们有25辆专用的危险品车，按照规定去收废机油只能危险品车进行收集，实际上4S店不太愿意给我们，他有一桶你收不收？不收态度不好，我们5吨的危险品车去把一桶油收回来了，我们就这样赢得了汽修厂的尊重，这样的话量还能增高一些。但是违背市场规律做回收肯定很难做下去。刚才专家讲了国外怎么做，实际我们用的装置，我感觉在国内是比较好的，2011年引进了一套全进口的系统，实际上一个生产线，从废机油的净化最后到成品油是一个远程控制的，我们后端的监控是在线监控，是一个成套生产线，当时来我们这里参观的人非常多，认为这套线非常好，但是即便这样的生产线，现在也是处于“吃不饱”的情况。四年了，还是这样的情况。在运输环节，为了规避运输成本高的问题，今年已经开发了拼车软件，我们依托化工区给我们的支持，我们在系统上，用GPS定位系统，捕捉所有的客户，我这一个车过去没装满，会主动联络客户，把浪费的空载率降到最低，实际上这个系统还是比较原始的。对于产生源4S店或者汽修厂来说，是否纳入了管理，我们经常“替别人当枪使”，因为在建交委换牌照的时候，4S店一定要和我们签约，签约完了以后给你一点点，可能十吨给你一吨，但是其他的途径就像管理部门说的，流到外省市去了，因为我们在交通的卡口管理上没有关心润滑油的流失，不像地沟油。各个部门有一个行动的话，才会迎来我们规范企业的春天。但是我们仍然对这个行业有信心，这和国家的能源战略，也和我们危废环保相关的，我们还要做下去，我们企业名字很拗口。我们现在的收购价格是400～450元一桶。我们的信心是上海的监管要求，现在物流成本占了一大块，企业现在实际生产能力3000吨。如果达到满负荷，我们的利润率应该是30%。

**朱斌：**我们化工区的危废油，30%交给危废公司，70%流出来，后来查了原因。因为我们规范的公司便宜，我们管委会做了规定，油不能运出去，监管到位以后，现在80%～90%都卖给规范企业了。这有一个管理是否到位的问题。

**李国强：**下面请中科院上海高等研究院周亚光高工讲一下地沟油和废机油管理方面的差异。

**周亚光：**简单谈谈我的想法，类似这样的项目涉及管控方面。我们在做港口的入境项目，国家也有管理标准，分成三块，一个是技术方案解决，第二个是管理的模式，第三个就是法规。

我觉得在地沟油方面，上海做的比较到位，把监控体系建立起来。但是地沟油跟现在的废机油管理有一个差别，产生地沟油的业主必须要付环境污染的费用，要交钱。但是现在废机油已经被定义为危废，但是实际上可以做交易的，他还可以收钱。在这样一个情况下，能够促进监控体系和管理模式的建设。上海整体还是比较规范一些，基础比较好。可以把上海作为一个示范点进行研究。配合政府在地沟油管控方面做了一些工作，借国家相关部门对我们的关注把这个体系建立起来。

**李国强：**下面由上海市化工区发展有限公司罗坚发言。

**罗坚：**各位领导、各位专家大家好。我是上海化工区发展有限公司经营部的罗坚，先介绍一下我的工作背景，我主要在化工区经营部从事招商引资的工作。刚才各位领导、各位专家对废润滑油行业再生利用提了一些非常好的建议，包括我们管委会朱处长也非常系统、全面、专业地对化工区进行了介绍，我在介绍一下招商引资过程中，我们化工区比较关注的一些问题。

因为整个化工区是一个国家级经济技术开发区，我们主要专注于石油化工、合成新材料、精细化工这个领域，目前入住化工区的企业有五十家左右，整个化工区的产业链相关度也比较高，基本上有80%都是关联项目。另外，在化工区里面的废物循环回收利用，集惠公司就是和化工区产业链结合起来的，一部分废物是由巴斯夫收集过来进行处理。

新进来的企业比较看重关联度，通用公司也和我们接触过，对于这种管理经验比较好、环保技术比较先进的企业，我们是欢迎的。另外，化工区在招商过程中对工艺还有环保排放要求非常高，因为化工区是1997年开始围海造地，发展到现在有十五六年的时间，目前在化工区三分之二的土地上，已经有项目建设投产，还有一些项目进行了预留，作为后期拓展的用地。我们目前有一个F地块，可能是发展新型化工的区域，因为它比较靠近村镇还有一些居民，对我们这块的环境监管非常严，我们在F地块还有一个上海市环保局专门提出来的F地块环评，对这个地块进行招商引资，对污染排放都会规定，整个化工区对环保和工艺方面要求非常严格。我这边主要介绍两点，一个是产业方面，另一个是环保方面。

**李国强：**下面请环保部环境保护部环境与经济政策研究中心管理政策研究部沈晓悦主任发言。

**沈晓悦：**大家好，非常荣幸受发展研究中心的邀请参加今天的会议。对于我来讲，也是和这么多专家、企业一块交流的一个机会。首先从环保部门来看，发展研究中心提出这个课题，能够关注这个问题，这是非常好的一个事情。实际上我本人也是做宏观的政策研究，对具体的情况了解得不是特别多，刚才听到各位的发言，很受启发，我想说两个方面。

首先，涉及润滑油再利用这样一个课题，应当说有两个层面的关注点。一个就是从润滑油本身作为一种废物，是当前监管层面的关注点，无论是后期的再生利用，还有最后希望实现资源化。监管的制度建设、法律是否能够落到实处，这是很关键的。就是市场是不是能够形成的关键。从当前来讲，因为之前我们中心参与过，也关注过铅酸蓄电池的回收利用问题。铅酸蓄电池就是我们自己开的车都有的电瓶，那个问题和我们今天讨论的问题很类似，现在环保部门主要监管的都是一些有资质，或者4S店这样的企业，也包括我们的化工园区这样有规模的正规企业，实际上还有很多社会源，比如在北京，像一些汽配城，或者大红门集散地，有很多小的汽修厂、汽修店是疏于监管的，产生的大量废物、废机油，主要流向了非法市场。由“游击队”来收购的，在监管过程中，像铅酸蓄电池的问题，北京市物管中心也谈到，目前北京市主要监管的范围主要就是这些能够监管的环节和单位，4S店还有一些正规的企业，大量的流动企业是疏于监管的。可能废机油的监管也是存在这样的问题。这一块到底怎么办，我觉得是我们非常关注的问题。

第二个关注点是如何能够把产生的废机油真正流向正规的企业。刚才合资企业领导都谈到了，实际上面临的问题，我们也是特别关注。这样大的正规的企业实际上是打不过“游击队”的，像这样的问题，核心点就是价格问题。怎么样上规模，如果达到了一定的量，你的成本可能就会下来，如果你的量很少，你的经营成本肯定无竞争力。如果要达到一定的规模，你肯定要把回收的渠道一条龙的服务都能跟上去。我不太知道上海，非法的废机油回收企业有多少，像铅酸蓄电池的回收有大量的散户，实际上从他们经营之初，就是追求一点点利润，就是我收购的价格比正规的要高，实现收购量的需求。但是做到了一定的规模之后，也想往正规的方向搞，因为小户是做不大的，又形成了中间层，正规和非正规之间，形成了“游击队”的龙头，这些机构一方面也希望能够被正规的部队收编进来，给他一个出路，从资质上面，我们现在也会有问题，现在有两个资质，一个就是收购的资质，一个是综合资质许可证，综合的门槛特别高，我不知道在上海有几个综合的。

**胡颂：**应该是 28 家。

**沈晓悦：**有综合许可证的门槛非常高，而且还有严格限制。从环保的角度讲，也不希望把这个放得太开，但是在实际的过程中，在这样的发展阶段，我们就是有这么多的大量散户在，实际上要取得资质非常困难，这个矛盾特别突出。在这样的情况下，怎么样使我们的许可管理有效，你是一种特别高端的管控，还是一种比较现实的管控，在这两者之间确实需要考虑。如果大家都达不到标准的话，就滋生了很多“游击队”非法经营，实际上在“游击队”里面也要分门别类来看，有一些还是有资质的。上海在做铅酸蓄电池管理的时候，他们就形成了一个联盟，把上海的一些“游击队”组成了一个企业收购联盟，能够实现一种比较规范的管理，可能叫准正式的机构，达到了一定的经济效益和环境效益，还算比较好的一种状态。就简单说这一点，实际上现在面对的问题比较复杂，下一步一方面让相关的法律和政策更加接地气，更加完善，这肯定是监管部门需要关注的，未来还是要从市场主体的层面增强竞争性，让合法的企业具有更强的竞争力。在这个产业发展过程中，还是应该有的财政方面的激励机制，让这些正规的企业能够有利可图，这是一个很重要的方向。是不是应该像刚才中科院专家说到的，监管手段可以有一些探索，比如说从物联网的信息，让这个产品从产生到最后的收集处置是链条式的管理，纳入监管范围，有条码和扫码的手段可以用上去。像刚才说到的联盟管理模式可以再探索一下，我本身在这个领域关注的比较少，也没有太好的建议，多向各位学习，谢谢。

**胡颂：**我接着沈主任的话，稍微介绍一下，上海市对铅酸蓄电池的一些做法，希望得到领导的认可和支持。

从环保部门自身的职责讲，根据危险废物经营许可证管理办法，我们的定位是非常清楚的，我们管理的第一是产生源，第二个就是运输单位和运输环节。铅酸蓄电池的产生源是多样化的，不仅仅是汽车的铅酸蓄电池，还包括大量的电瓶车，我们也做过统计，整个上海市电瓶车也有几百万部，现在全国的快递行业就是靠电瓶车撑起来的，没有人说靠汽车走遍千家万户，电瓶车的大量兴起对于废电瓶的更新要求非常高，像这样的服务领域、流通领域，废电池怎么管理起来？我们现在做了这样一些探索。因为环保部门关注点主要是工业企业，全上海四千多家的工业企业都在环保部门的关注之下。但是涉及汽车的4S维修店，涉及电瓶车的服务网络，涉及通信行业，像中国电信、中国联通基站的UPS，这个点一下子扩大到上万，像环保部门很难按照已有的管理模式将其纳入像管工业企业一样管这些危废品，虽然我们说废铅酸蓄电池数量很多，但是和工业危废比起来少很多。

我们现在做了这么几件事情。对于社会产生的废电瓶，我们按照国家的危险废物名录，有一个豁免机制，要求产生源做危废转移名单进行申报。在收集环节，是把废铅酸蓄电池放进去的。从理论上来讲，按照商务委的名单，只要是具有回收资质的单位是可以回收的，按照环保部门对危废处置场所的规定，其实是有技术规范，你的地皮、你的监控，还有应急处理体系，在这些商务委的回收利用要求上进行提升，如果能够达到环保部门的要求，你们可以达到认可，你们去收废的电瓶，很多这些单位自身也是卖电瓶的，在销售的同时进行回收，没有必要再去重新设置一个危废运输物流，这样很不经济。你的电瓶回收以后，环保部门将它视做一个危废产生单位，后面所有的流程必须按照工业企业危险废物转移制度，必须要按照相关管理办法去做。全市现在已经有三家单位得到了认可，我们也会向社会进行公示，以他们为准，收集全上海的废旧电池，后续你们可以加入，场地必须达到要求，管理制度必须要符合要求。电池回收到你这里之后，必须要符合危废管理制度的要求，必须纳入危险废物管理平台，必须纳入名单制度的管理平台。这样确保场地环保，市场可控，流向明确。

**李国强：**下面请国家科技部政策法规司李新男巡视员发言。

**李新男：**高兴能够参加这次座谈会。今天在这里学了不少知识。到底润滑油的回收产业有多大，我现在不是十分清楚，但是我有一个感觉，实际上信息技术在未来的社会生活中，润滑油在我们工业化的社会，2.0 也好 4.0 也好，依然无所不在。20 世纪 80 年代刚到科技部技术法规司的时候，当时产业技术政策列了很多，环境保护也是一个，但是作为废弃物，大家都不看好，当时和荷兰、瑞典的合作项目，想做这件事的积极性都不高，经过这几十年的发展对废弃物的回收利用问题，已经是环境保护和循环经济发展的重要举措。大家刚才说了很多问题和毛病，我们又不能彻底开放，又要市场主导。

润滑油前头加了“危废”二字，危险可能存在，如果是一个可以再利用的东西，可能就是一个新的产业，一个新的经济增长点。如果这样考虑的话，我觉得我们的思维是不是应该变一下，是不是可以把它看作一个新兴的产业，按照这种思路重新考虑我们的政策定位，我们确实到了一个不实现创新驱动、还靠资源简单消耗、还靠资本投入社会难以发展的阶段。创新驱动本质就是要提高资源的利用效率、使用效率，还有资本的使用效率。如果把润滑油的再生利用看成一种资源的再利用，而不是废弃物无可奈何地处理，我看政策文件都是怎么管它，别造成污染，包括电池也是这样，润滑油的问题是不是可以从新的角度，即一个新兴产业来考虑。

最早接触润滑油是在 20 世纪 70 年代初期。那时候刚刚参加工作，机油当时给我的印象就是玉米粥的感觉，再生机油黏性弹度都差，司机师傅都不愿意用。我们的维修资源也是有限的，司机师傅说用再生机油跑长途不行，后来的处理方式就是再生机油用一次就换，所以没有积极性，修理工也没有积极性，再生机油用一次就倒掉，很浪费。大家没有积极利用，油确实有指标，我们有一个采购员特别有本事，经常能搞到好机油。我就想这个问题，如果使用者没有积极性，那你这个产品不会有市场。如果我们换一个角度，作为一个新兴产业发展，有两个基本点，一个基本点一定是有需求，这个需求是在利益的主导下的需求。按照现在新的技术发展规律，不完全是市场拉动问题，还有新的技术应用、推动使得技术进步，过去我们的通信简单发短信，现在有微信了，微信满足了我们通讯需求。总得来讲，必须有市场，没有市场需求绝对发展不起来。这可能是产业发展主要的出发点。

另外一个出发点，作为一个产业，一定要形成产业链。刚才有专家讲到了几大问题，生产、运输、收集。润滑油回收，怎么形成这种产业链，可能是产业发展的大问题，我们按照新的产业发展来考虑。

第二个问题，我们的政策规定方面，一方面作为废弃物，包括

2001年出台的危险废物污染防治政策里面也是从防治这个角度把它作为危险废物，而不是新的资源，所以我们的很多政策都要重新调整。我们要以党的十八届三中全会的精神为指导。十八届三中全会精神的核心，我们国家的资源配置要由市场起决定性作用。作为一个新兴产业，由市场在资源配置中起决定性作用。我们要跳出原来的思维，我们原来的思维在限制在控制，从管理上下功夫，在开发形成新的经济增加点，形成新的产业这方面考虑。近期的文件都提到了要在清洁生产、循环经济发展下功夫。大家遇到很多问题，怎么作为一个新兴产业的发展，考虑不是特别多。我觉得发展研究中心要做这个研究，得从这个角度考虑未来的模式，不是一个简单的管控，包括大家说的“游击队”和“正规军”之间的较量。特斯拉是什么，不是汽车产业，结果把汽车搞的非常好。如果按市场经济来讲，“游击队”不遵守市场规则，“正规军”可以理解成遵守市场规则，关键概念我们要调整。

几件事要做，政府方面，在思维概念上要调整，要梳理以往的政策，重新制定。才能解决大家所说的未来发展问题。

政府要做的事情，就是要依靠创新形成新兴产业，从这个角度建立规则，包括一些资质和审查，背后有很多审批，有合理的成分也有不合理的成分，怎么按照新兴产业，来设计它的规则，设计它的资质。市场需要这种资质，就要仔细来研究。

另一个就要在产业初期要引导市场，鼓励开拓市场，可以采取经济补贴等手段，这是政府可以做的。

这些事情不光是环保部和经济发展部门，比如说我们现在的部委肯定涉及发改委，也涉及科技部，要鼓励新的技术开发，我们现在有很多节能减排都是多部门联合做的，这是从政府的角度。另外一个角度，可能这里面有很多新的技术，如何促进产学研的结合，很多技术要综合集成才能真正解决这个问题。

另一方面，作为企业来讲，眼睛不能只盯着国家怎么保护，国家怎么限制，我觉得要盯着如何利用市场规则、利用新技术。市场经济的规则不是在政府的保护下，而要发挥你的优势。企业的信息要建立在我将来就是能赢，要相信市场一定会规范。在这个过程中，你可能要学习上海，刚才采购的建议挺好，拼车的技术，很多技术应用了。马云现在搞的互联网金融，用互联网技术和银行交涉。如果说改革开放以来有几个企业比较成功，柳传志、任正非、史玉柱他们经过了三十多年发展，咱们看看后期，像马云、马化腾只用了十几年远远超过了他们，马云的企业市值现在已经超过了中石油、中石化这些企业的市值，就是靠新技术的应用。企业要不断采取新的技术，其实市场经济根本动力，就是在平等交换的模式下，获取更大的利益，这是企业的动力。创新动力也在这里。能获得超额利润的，企业要创新发展，这个市场很大，这个潜力也很大，这个产业有希望。在企业方面也要这样思考，靠创新、靠利用新技术、靠市场规则。包括我们现在法律法规政策，都要在市场经济的思维下设计。党的十八届三中全会确立了大力发展市场经济，要鼓励社会组织，弱化国家标准，强化社会组织、行业组织，社会团体包括联盟。这已经是一个标准委的基本工作。一个国家如果以国家标准作为市场规则的话，这个国家一定没有太大的希望，企业标准、行业标准一定要超过国家标准，这个市场经济才有活力。我说的意见不一定对，谢谢大家。

**李国强：**谢谢李司长。我们现在请国务院参事室参事、国家能源局前局长徐锭明同志讲话。

**徐锭明：**简单讲几个感想。第一我觉得今天的会议很有意义。2015 年 1 月 1 日新环保法实施，环保法治将成为我国依法治国的突破口。治理污染已经进入了新常态，新常态要罚，罚得你家破人亡，否则中国没有发展，不可能发展。我认为今天会议意义在于，新的环保法实施以后一个月不到，我们就开这个会。去年习大大讲了能源四大革命，四大革命两条和今天会议紧密相关，第一条就是消费革命。要把节能环保工作贯穿于经济文化的全过程和各个领域，改变消费观念。现在我们很多消费观念不对，中央讲的要循环发展与这两个是紧密相关的，习大大讲不但要绿色、低碳、循环，还要三遵从三发展：遵从经济规律，实现科学发展；遵从自然规律，实现可持续发展；遵循社会规律，实现包容发展。这是第一点看法。

第二，电池是中国非常大的环保问题，全国每年有三千万吨到五千万吨电池，一个电池有金属问题、化工问题、塑料问题，现在全国很多城市都存在这个问题。

我对今天的会议做了一个顺口溜的总结：提高认识、加强法治、标准要全、监管要严、优化技术、建成体系、采集数据、处处智能、在线监控、执法严格、互联互通、共享共治、市场主导、政府执法。我想差不多就是这么多话，很简单，没那么复杂。古人讲，大道至简，真正的道理很简单的，共产党就为人民服务。环保部同志讲了，要加快从现实走向高端，不加快速度没有发展余地。当前三大因素制约发展，第一个是空气，第二个是水，第三个是土地。我们为什么搞这个东西，不是废物是摇篮，创造新的产业。生态文明没有坟墓，只有摇篮。搞化工的全是摇篮，我们要提高认识。

第三，还有信息化，什么叫信息化物联网时代，处处见数据，万物智能，我们的产品刚才讲了 4.0，4.0 就回答一个问题，产品的父母是谁，产品从哪里来，产品到哪里去，产品怎么用，这就是

4.0，现在我们不行。我们一定要提高认识。

第四，宣传一下党的方针政策，党的十八大提出要走向社会主义生态文明新时代，过去我们唱歌走向社会主义新时代，加几个字，生态文明新时代。什么叫生态文明，十八大的精神只有两个字，没那么复杂，第一个是“宏”，第二个是“略”，保护环境实现科技发展，科学发展圆中国梦，我们把工作上升到理论来看，贯彻十八大精神，走向生态文明新时代。中国现在是第一能源生产大国，第一能源消费大国，第一再生能源生产大国，是世界第二润滑油消费大国。你要看到几个大的形势，要发展这些东西，我们一定要按照中央精神努力走向社会主义生态文明新时代，时间关系不多讲了，一定要有专门的专家来研究这些问题，我感谢上海同志，你们做了很多工作，你们还要继续做，还有地沟油的问题，以及能源的问题。我们大家一起做，按照习大大的要求，真正走上社会主义生态文明新时代。

**李国强：**我们最后请国家质检总局项玉章总检验师做一个总结。我们大家欢迎。

**项玉章：**简单说几句，很高兴参加研讨会，这个会议对我来说就是学习。随着我国经济的快速发展，我们国家对润滑油的需求量越来越大。对大量废机油如何处理是一个很大的课题，国务院发展研究中心组织专题研究意义非常重大，以此通过政策引导提高对废润滑油的有效管理水平。具体来说，有这么几个方面：第一，推动废机油回收利用是环境保护的重要举措；第二，对废机油再生利用是建立循环经济的一个重要内容；第三，废机油再生利用又是经济效益很高的行业，危废润滑油的再利用经济价值很高。

在国外，废机油的使用已经有一百多年历史了。美国有丰富的石油资源，但是他们仍然把废机油当成资源，是世界上废机油再利用率最高的国家。美国政府1971年专题研究这个事情，1975年通过资源政策保护法，制定了废机油循环法。英国在经济发展过程当中，环境受到污染，后来他们高度重视这项工作，各个方面取得了很大成就。意大利政府1940年出台了相关的法律法规，使得废机油收集具有强制性的，而且优先用于再生润滑油，1986年他们颁布了法律法规，利用高温燃烧废机油。德国在1968年也通过了联邦德国废机油法，1994年联邦法院也通过了循环经济及废弃物法。日本同样有这个法律，他们的原则就是禁止乱扔、乱抛废弃油物。

这些都给我们启发。国外的方法办法，一是美国建立了完善的管理制度，管理就是以对废润滑油的丢弃者和收集者进行严厉的管理，对废机油的处理做准确的记录，对废润滑油的丢弃做了保护环境的严格规定，增加了丢弃废润滑油的法律约束。二是美国国防部带头使用再生润滑油。使得消费者利用再生润滑油心理得到保障。三是美国环保局对含铅量进行了规定。四是国外通过专业化分工做了很多工作。五是产业政策方面给予鼓励，美国、德国、意大利一系列的保护政策都是很到位的。涉及各种协会和研究机构，这些都是保护利用再生资源、利用废润滑油很好的办法。

在此，我希望国务院发展研究中心课题组通过研究，对于如何推进废机油再生利用科技进步，实现科技成果广泛推广，能够向国家提出政策建议。祝这次座谈会取得圆满成功，谢谢各位。

**李国强：**谢谢项总。今天上午开了一个非常成功的座谈会，广泛的交流情况和经验，探讨了相关的问题，对于上海在危废治理方面取得的成绩和成就，要进一步认真学习。今天上午的会议，对于我们课题组来讲受益匪浅，一是深化了我们对课题研究意义的认识，加强了我们对这一问题研究的使命感、责任感。二是让我们对这个产业有了进一步的了解，这个产业像大家讨论所讲到的，要作为一种新兴产业看待，作为一种资源看待，要从理论和实践上加深认识，只有理论上搞清了，我们的制度建设、政策制定才有正确的依据。今天会议对我们认识的提高有很大的促进作用。三是对我们进一步理顺废机油再生利用过程中政府和市场的关系，以及技术创新方面提供了一些思路。在此感谢大家对这个课题的支持和帮助。

谢谢大家！

# 参考文献


[1]《中华人民共和国固体废物污染环境防治法》。

[2]《中华人民共和国循环经济促进法》。

[3]《国家危险废物名录》。

[4] 中国工程院城市化项目组:“城市固体废弃物和城乡结合部生态问题研究”,2004。

[5] 中国国家标准化管理委员会:《危险废物焚烧污染控制标准(GB18484—2001)》,中国标准出版社 2001 年版。

[6] 中国国家标准化管理委员会:《废润滑油回收与再生利用技术导则(GB/T 17145—1997)》,中国标准出版社 1998 年版。

[7] 中国国家标准化管理委员会:《污水综合排放标准(GB8978—1996)》,北京中国标准出版社 1996 年版。

[8] 戴钧梁、戴立新:《废润滑油再生》,中国石化出版社 2007 年版。

[9] 朱建华:《车用废润滑油再生技术研究》,中国石油大学(北京)出版社 2012 年版。

[10] 赵江、王平:《润滑油脂行业应用指导手册》,中国石化出版有限公司 2010 年版。

[11] 葛志刚:《机械润滑》,安徽科学技术出版社 1989 年版。

[12] 白凤祥：《设备用油与润滑手册》，北京煤炭工业出本社1981年版。

[13] 夏志新：《液压系统污染》，北京机械工业出版社1986年版。

[14] 杨村、于宏奇、冯武文：《分子蒸馏技术》，化学工业出版社2003年版。

[15] 王先会：《金属加工油剂应用技术》，中国石化出版社2005年版。

[16] 赵德、魏凤、袁志明、宋冬林、刘汝："中国与欧盟生物废弃物处理标准化管理研究"，《实验技术与管理》，2014年第2期。

[17] 胡涛、吴玉萍、张凌云："我国固体废物的管理体制问题分析"，《环境科学研究》，2006年第19期。

[18] 张卫东："废油净化再生技术的应用"，《能源与节能》，2012年第8期。

[19] 张春光、赵渊杰、邓永生、王会东："废润滑油再生技术现状及行业发展思路"，《润滑油》，2008年第2期。

[20] 陈彬、顾国疆、武宏阳："绿色低碳化的废油处理技术研究"，《应用化工》，2013年第9期。

[21] 廖传东："废机油和特种废油回收再生处理方法"，《中国石油和化工》，2013年第6期。

[22] 张贤明、焦昭杰、贾玉梅、徐君、张春媚："工业污染废润滑油再生技术"，《环境科学与技术》，2008年第3期。

[23] 马云飞、刘大学、许玮珑、沈利华："交通运输业废机油再生现状与关键技术研究"，《环境科学与技术》，2010年第11期。

[24] 熊道陵、杨金鑫、张团结、许光辉、陈超、王庚亮、罗序燕："废润滑油再生工艺的研究进展"，《化工进展》，2014 年第 10 期。

[25] 马宁："中国废润滑油再生市场政策解析 "，《合成润滑材料》，2011 年第 4 期。

[26] 安军信、周惠娟、王会东："我国废润滑油再生行业的现状及发展前景"，《精细与专用化学品》，2010 年第 1 期。

[27] 马章杰、郭大光、孙甜颖、冯全、孙敬军、刘学："润滑油再生工艺研究进展"，《当代化工》，2013 年第 11 期。

[28] 熊善高、李洪远、张清敏、丁晓："英国危险废物管理策略及对我国的启示"，《环境保护》，2012 年第 14 期。

[29] 刘程、石磊、荣绍丰、孙揭阳、韩生："废润滑油再生的研究进展"，《润滑油》，2013 年第 4 期。

[30] 钟道悦、隋贤栋、刘文龙："废润滑油再生技术的研究进展"，《环境科技》，2012 年第 6 期。

[31] 张贤明、焦昭杰、贾玉梅等："工业污染废润滑油再生技术"，《环境科学与技术》，2008 年第 3 期。

[32] 陆诗建、李清方、张建等："润滑油概述及其废液回收进展"，《化学工程与装备》，2009 年第 5 期。

[33] 唐建伟、吴克宏、林茂光等："膜分离技术在废油再生中的研究进展"，《膜科学与技术》，2010 年第 1 期。

[34] 徐高阳、陆明："船用废润滑油的再生"，《中国资源综合利用》，2003 年第 9 期。

[35] 焦建、吕振波、桂建舟："废油循环再利用的研究"，《当代化工》，2014 年第 4 期。

[36] 贺建华、水琳："危废润滑油再生利用研究"，《当代石

油石化》，2012 年第 12 期。

[37] 孙红翠、傅忠君、王倩倩：“国内外废润滑油的再生工艺技术”，《石油规划设计》，2011 年第 4 期。

[38] 刘先斌、廖兰：“废润滑油再生资源产业化问题的研究”，《资源科学》，2006 年第 2 期。

[39] 刘建芳、赵源、顾卡丽等：“废润滑油再生技术与研究进展”，《武汉工业学院学报》，2010 年第 3 期。

[40] 冯全、马章杰、赵庆祥、赵林、郭大光：“废润滑油再生工艺分类与研究进展”，《化学工程师》，2013 年第 6 期。

[41] 杨鑫、陈立功、周星等：“废润滑油再生技术研究进展”，《合成润滑材料》，2011 年第 2 期。

[42] 张贤明、焦昭杰、贾玉梅等：“工业污染废润滑油再生技术”，《环境科学与技术》，2008 年第 3 期。

[43] 王亚萍、佘海波、王少春等：GB/T 7607—2010，“柴油机油换油指标”，载中国标准出版社 2011 年版。

[44] 孙红翠、傅忠君、王倩倩：“国内外废润滑油的再生工艺技术”，《石油规划设计》，2011 年第 7 期。

[45] 杨宏伟、费逸伟、胡建强：“国内外废润滑油的再生润滑油”，《润滑油》，2006 年第 6 期。

[46] 谷庆宝、王禹、高丰、李发生：“废润滑油再生利用的现状与面临的问题”，《中国资源综合利用》，2003 年第 7 期。